Coleção Vértice
51

AMAR A IGREJA

- @editoraquadrante
- @editoraquadrante
- @quadranteeditora
- Quadrante

JOSEMARIA ESCRIVÁ

AMAR A IGREJA

3ª edição

Tradução
Mário Pacheco

QUADRANTE

São Paulo
2024

Título original
Amar a la Iglesia

Copyright © 2004 Scriptor S.A., Madrid

Capa
Gabriela Haeitmann

Dados Internacionais de Catalogação na Publicação (CIP)

Escrivá, Josemaria
　　Amar a Igreja / Josemaria Escrivá; tradução de Mário Pacheco. – 3ª ed. – Quadrante, São Paulo, 2024 (Coleção Vértice 51).

　　ISBN: 978-85-7465-640-3

　　1. Escrivá, Josemaria – Sermões 2. Igreja Católica – Sermões I. Título.

CDD-252.02

Índice para catálogo sistemático:
　　1. Homilias : Igreja Católica : Cristianismo　252.02
　　2. Igreja Católica : Homilias : Cristianismo　252.02

Todos os direitos reservados a
QUADRANTE EDITORA
Rua Bernardo da Veiga, 47 – Tel.: 3873-2270
CEP 01252-020 – São Paulo – SP
www.quadrante.com.br / atendimento@quadrante.com.br

Sumário

Apresentação	7
O Autor	15
Lealdade à Igreja	21
A Igreja é una	26
A Igreja é santa	29
A Igreja é católica	35
A Igreja é apostólica	39
A missão apostólica de todos os católicos	43
O fim sobrenatural da Igreja	49
Momentos difíceis	52
O humano e o divino na Igreja	55
O fim da Igreja	59
Na Igreja está a nossa salvação	60
Tempo de provação	64
Amor filial à Igreja	66
O abismo da sabedoria de Deus	70
Sacerdote para a eternidade	73
Por que ser sacerdote?	76
Sacerdotes e leigos	78

Dignidade do sacerdócio	80
Sacerdócio comum e sacerdócio ministerial	83
Sacerdote para a Santa Missa	86
Sacerdote para a eternidade	91

Apresentação

Este livro que agora oferecemos ao leitor é um ato de fé e de amor. Mais exatamente, é um ato de fé amorosa, surgido no meio da dor.

As duas homilias sobre a Igreja e a homilia sobre o sacerdócio, que aqui se reúnem, foram pronunciadas por São Josemaria Escrivá em 1972 e 1973. Como é bem conhecido, os anos posteriores ao Concílio Vaticano II – a magna assembleia da Igreja Católica no século XX, fonte de imensas esperanças – viram surgir, ao lado de frutos esplêndidos de renovação, de santidade e de apostolado, uma onda crescente de interpretações errôneas e aplicações deturpadas do Concílio, que semearam deplorável confusão entre os fiéis católicos, e produziram defecções e crises dolorosas em amplos setores do clero e dos religiosos, e desorientação em incontáveis leigos. Como dizia alguém, de modo rudemente expressivo, ao «autêntico pós-Concílio» parecia querer sobrepor-se, estrangulando-o, um «falso pós-Concílio». De fato, nesses anos 70, a Igreja, em todos os seus níveis, parecia varrida por um furacão de loucura anár-

quica, cujas sequelas ainda se deixam sentir em alguns ambientes atuais.

É por isso que o Papa Paulo VI, que encerrara com tão felizes expectativas o Concílio, em 8 de dezembro de 1965, se mostrava desolado. Lamentava, com angústia visível, a que chamava «falsa e abusiva interpretação do Concílio», que considerava como uma verdadeira «ruptura» com a Igreja, como uma tentativa – dizia – de criação de uma «Igreja nova, quase reinventada de dentro da sua constituição, tanto no dogma, como na moral e no direito»[1]*. Em momentos de máxima preocupação, Paulo VI chegou a falar em «autodestruição da Igreja» e a declarar, perante milhares de fiéis, que «a fumaça de Satanás se tinha introduzido dentro da Igreja».*

Como é natural, todos os católicos fiéis à Igreja e ao Papa participavam dessas apreensões e sofriam com os inequívocos sinais da crise. A São Josemaria Escrivá, essa situação lamentável, que tanto mal causava ao clero e a generalidade dos fiéis, fazia-o padecer indizivelmente. E foi precisamente nesses momentos, em que o desânimo ameaçava tomar conta de muitos, que ele, cheio de amor e esperança, se sentiu movido por Deus a lançar-se, até ao limite das suas energias, num trabalho incansável de pregação, de catequese – milhares de horas diante de milhares de pessoas –, por numerosos países da Europa e América, tornando-se pregoeiro alegre e esperançoso da doutrina católica,

---

(1) *Alocuções*, 1970.

fazendo-se eco fiel dos ensinamentos do Santo Padre, e contagiando milhares de homens e mulheres com a sua fé e a sua fidelidade inquebrantáveis.

«Dói-me a Igreja» – confidenciava São Josemaria. Sim, doía-lhe, e muito – como declarava –, ver que «o clamor da confusão se levanta por todos os lados, e renascem com estrondo todos os erros que houve ao longo dos séculos. [...] Rejeita-se a doutrina dos mandamentos da lei de Deus e da Igreja, tergiversa-se o conteúdo das bem-aventuranças, dando-lhes um significado político-social, e quem se esforça por ser humilde, manso e limpo de coração, é tratado como um ignorante ou atávico defensor de coisas passadas. Não se suporta o jugo da castidade e inventam-se mil maneiras de ludibriar os preceitos divinos de Cristo. [...] Fabrica-se uma imagem da Igreja que não tem a menor relação com a que Cristo fundou»[2].

* * *

Mas, por cima dessas nuvens de confusão, como já víamos, São Josemaria Escrivá, seguindo o que sempre fora um lema do seu trabalho sacerdotal – «afogar o mal em abundância de bem» – consumiu todas as suas forças, naqueles anos 70 (até a sua morte em 1975), num labor positivo, gozoso, vibrante, de catequese: de aprofundamento nas verdades da fé católica tal como as ensinou e as ensina o Magistério da Igreja; no tesouro divino dos Sacramentos, especialmente

---

(2) Homilia *O fim sobrenatural da Igreja*.

da Eucaristia e da Penitência; e na divina estrada dos Mandamentos, sinalizações de Deus para a conduta dos homens, a caminho do Céu. Ao mesmo tempo, apontando alto, como fizera sempre desde que Deus lhe mostrou a sua missão de fundar o Opus Dei, fazia erguer os corações de seus ouvintes para as mais elevadas metas da santidade e do apostolado no meio do mundo; e frisava com alegria que o Concílio Vaticano II acabava de proclamar solenemente, olhando especialmente para os leigos, a validade desses ideais, tão caros para ele.

* * *

«Amar a Igreja». Impressiona ler, nestas três homilias, a clareza teológica, lúcida e incisiva, com que São Josemaria expõe a fé católica sobre o mistério da Igreja, fé que é o fundamento do amor sobrenatural à Esposa de Cristo.

Leiam-se, por exemplo, estes trechos da homilia Lealdade à Igreja: *«A Igreja foi querida e fundada por Cristo, que cumpre assim a vontade do Pai; a Esposa do Filho é assistida pelo Espírito Santo. A Igreja é a obra da Santíssima Trindade; é Santa e Mãe, a Nossa Santa Madre Igreja». Uma belíssima visão trinitária da Igreja, que incita a meditar.*

Há, no ensinamento de Josemaria Escrivá, um forte eco da doutrina de São Paulo – recordada pelo Concílio na Constituição Lumen gentium *(n. 7) – sobre a Igreja como «Corpo de Cristo», cuja cabeça é Jesus glorificado, cujos membros são todos os batizados e* cuja «*alma*» *é o Espírito Santo, que reparte a diversidade dos seus dons entre todos os fiéis.* Vós sois o corpo de Cristo – escrevia o *Apóstolo* –, e cada um, de sua parte, é um dos seus membros [...]. Porque, como o corpo é um todo, tendo muitos membros, e todos os membros do corpo, embora muitos, formam um só corpo, assim também é Cristo *(cf. 1 Cor 12, 27.12).*

Essa fé permitia-lhe dizer, sem hesitações: «*A Igreja é nem mais nem menos Cristo presente entre nós, Deus que vem até a humanidade para salvá-la*»[3]. *Temos aqui a mesma convicção singela que levava Santa Joana d'Arc a afirmar, em resposta a uma pergunta capciosa dos seus juízes:* «*Quanto a Jesus Cristo e à Igreja, parece-me que são uma só coisa e que não se deve fazer objeções a isso*»[4].

Bem sabia Mons. Escrivá que, na Igreja, junto ao elemento divino, há o elemento humano, com toda a sua carga de misérias. «*A ninguém passa despercebida a evidência dessa parte humana* – escreve –. *A Igreja, neste mundo, está composta por homens e para homens. Ora, falar do homem é falar de liberdade, da possibilidade de grandezas e de mesquinharias, de heroísmos e de claudicações*». *Mas é preciso considerar que,* «*mesmo que as claudicações superassem numericamente as valentias, ficaria ainda essa realidade mística – clara, inegável, embora não a percebamos com os sentidos – que é o Corpo de Cristo, o próprio Se-*

---

(3) *É Cristo que passa,* Quadrante, São Paulo, 1976, n. 131.
(4) *Actes du procès.*

nhor Nosso, a ação do Espírito Santo, a presença amorosa do Pai»⁵.

Tinha bem presente a magnífica afirmação do Concílio Vaticano II que encabeça a Constituição sobre a Igreja: «A Igreja é em Cristo como que sacramento, isto é, sinal e instrumento da união íntima com Deus e da unidade de todo o gênero humano»⁶. Assim como nos sete Sacramentos o próprio Deus – Cristo, pelo Espírito Santo – age e santifica através de elementos materiais, como o pão e o vinho da Eucaristia, a água do Batismo, o óleo da Confirmação..., de modo análogo, Deus age por meio do elemento humano, pecador e falível, da Igreja, e serve-se dele como instrumento vivo de Cristo Sacerdote.

A Igreja é a Mãe que nos gera, ensina, alimenta, acompanha, purifica e conduz até o Céu. Às vezes, pode dar a impressão – pelos pecados dos seus membros – de ser como uma daquelas pobres mulheres corroídas pela lepra, que a Beata Teresa de Calcutá assistia ao darem a luz; e a Madre sorria ao ver que, daquele corpo desfeito, nascia uma criança sadia, pura, bela. A Igreja é Mãe que, em seus membros, ao lado de exemplos heroicos de santidade, ostenta muitas vezes a «lepra» do pecado, da fraqueza humana, do escândalo; mas é a Mãe que Deus nos deu, e a doutrina e a vida que nos transmite são e serão sempre puras, belas, divinas. Temos, pois, toda a razão para exclamar, com o poeta Paul Claudel: «Seja

---

(5) Homilia *O fim sobrenatural da Igreja*.
(6) Constituição dogmática *Lumen gentium*, n. 1.

louvada para sempre esta grande Mãe majestosa, sobre cujos joelhos eu tenho aprendido tudo».

Uma gratidão como essa levava São Josemaria a escrever: *«O mistério da santidade da Igreja [...] exclui todo e qualquer pensamento de suspeita ou de dúvida sobre a beleza da nossa Mãe. [...] A nossa Mãe é Santa porque nasceu pura e continuará sem mácula por toda a eternidade. Se, por vezes, não soubermos descobrir o seu rosto formoso, limpemos nós os olhos; se notarmos que a sua voz não nos agrada, tiremos dos nossos ouvidos a dureza que nos impede de ouvir, no seu tom, os assobios do Pastor amoroso. [...] Tu és Santa, Igreja, minha Mãe, porque foste fundada pelo Filho de Deus, Santo; és Santa porque assim o dispôs o Pai, fonte de toda a santidade; és Santa porque te assiste o Espírito Santo»*[7].

Ao amor à Igreja, São Josemaria unia inseparavelmente – na sua incansável pregação – o amor a todas as verdades da fé católica, que não mudam nem murcham; aos Sacramentos, tão combatidos naquela época, que foi uma verdadeira *«noite de sonos e traições»*; ao sacerdócio, ao qual dedica uma homilia empolgante – Sacerdote para a eternidade – *densa em doutrina e piedade*; e o amor ao Papa, pelo qual oferecia diariamente a sua vida, *«e mil vidas que tivesse»*. E, em todos os temas, a doutrina vem impregnada, como pelas águas de uma fonte límpida, da Palavra da Sagrada Escritura, do Magistério pontifício e conciliar, e dos ensi-

---

(7) Homilia *Lealdade à Igreja*.

namentos perenemente válidos dos Padres[8]. São coisas que o leitor poderá apreciar nestas páginas.

* * *

«*Eu amo a Igreja com toda a minha alma – confidenciava São Josemaria no período final da sua vida –; queimei a minha juventude, a minha maturidade e a minha velhice para servi-la. Não o digo com pena, já que voltaria a fazê-lo se vivesse mil vezes*»[9].

A catequese de Mons. Escrivá sobre a Igreja, sobre a sua doutrina, sobre os seus Sacramentos, sobre a entrega inefável de Cristo no seu máximo ato de amor – o sacrifício da Cruz – em cada Missa que se celebra, sobre a grandeza e santidade do sacerdócio..., naqueles momentos críticos dos anos 70, levantou ânimos decaídos, acendeu fervores apagados, dissipou dúvidas dolorosas, extinguiu críticas estéreis, alentou ideais de entrega e de serviço a Deus e à Igreja, inflamou inúmeros corações no amor que procede da autêntica fé católica, conduzindo-os a uma paz e uma alegria que lhes havia sido toldada. Queira Deus que a leitura destas homilias, que, decorridos mais de trinta anos, continuam a ser de uma atualidade assombrosa, produza hoje os mesmos frutos benéficos em muitos corações.

Francisco Faus

---

(8) Chamam-se Padres da Igreja ou Santos Padres os escritores e pregadores cristãos dos primeiros séculos que reúnem as condições de ortodoxia de doutrina, santidade de vida e aprovação por parte da Igreja.

(9) Andrés Vázquez de Prada, *O Fundador do Opus Dei,* vol. III, Quadrante, São Paulo, 2004, pág. 548.

O Autor

São Josemaria Escrivá nasceu em Barbastro (Espanha), a 9 de janeiro de 1902. Aos quinze ou dezesseis anos, começou a sentir os primeiros presságios de um chamamento divino e decidiu ordenar-se sacerdote. Em 1918, começou os estudos eclesiásticos no Seminário de Logroño, prosseguindo-os, a partir de 1920, no de São Francisco de Paula de Saragoça, onde passou a exercer o cargo de superior de 1922 em diante. No ano seguinte, começou os estudos de Direito Civil na Universidade de Saragoça, com a permissão da Autoridade eclesiástica, sem no entanto cursá-los simultaneamente com os estudos teológicos. Ordenado diácono a 20 de dezembro de 1924, recebeu o presbiterado a 28 de março de 1925.

Iniciou o seu ministério sacerdotal na paróquia de Perdiguera, na diocese de Saragoça, continuando-o depois em Saragoça. Na primavera de 1927, contando sempre com a permissão do Arcebispo, mudou-se para Madri, onde levou a cabo um infatigável trabalho sacerdotal em todos os ambientes, dedicando também a sua atenção aos pobres e desvalidos dos bairros mais distantes e, especialmente, aos doentes incuráveis e moribundos dos hospitais. Aceitou o cargo de capelão do Patronato dos Enfermos, um trabalho assistencial das Damas Apostólicas do Sagrado Coração, e foi professor em uma Academia universitária, enquanto frequentava os cursos para o doutoramento em Direito Civil, que na época só se ministravam na Universidade de Madri.

No dia 2 de outubro de 1928, o Senhor levou-o a *ver* com clareza aquilo que até então tinha apenas vislumbrado, e mons. Escrivá fundou o Opus Dei. Sempre movido por Deus, compreendeu, no dia 14 de fevereiro de 1930, que também devia difundir o apostolado do Opus Dei entre as mulheres. Abria-se assim na Igreja um caminho novo, destinado a promover, entre pessoas de todas as classes sociais, a busca da santidade e o exercício do apostolado mediante a santificação do trabalho de cada dia, no meio do mundo e sem mudar de estado.

A partir de 2 de outubro de 1928, o Fundador do Opus Dei dedicou-se a cumprir, com grande zelo apostólico, a missão que Deus lhe tinha confiado. Em 1934, foi nomeado Reitor do Patronato de Santa Isabel. Durante a guerra civil espanhola, exerceu o seu ministério sacerdotal – por vezes, correndo grave risco de vida – em Madri e, mais tarde, em Burgos. Já desde essa época e depois durante muito tempo, teve de sofrer duras contradições, que suportou com serenidade e espírito sobrenatural.

No dia 14 de fevereiro de 1943, fundou, inseparavelmente unida ao Opus Dei, a Sociedade Sacerdotal da Santa Cruz que, além de permitir a ordenação sacerdotal de membros leigos do Opus Dei e a sua incardinação a serviço da Obra, viria a permitir também, um pouco mais tarde, que os sacerdotes incardinados nas dioceses pudessem participar do espírito e da ascética do Opus Dei, buscando a santidade no exercício dos seus deveres ministeriais, em dependência exclusiva do seu respectivo Ordinário.

Em 1946, mons. Escrivá passou a residir em Roma, onde permaneceu até o fim da vida. Dali estimulou e orientou a difusão do Opus Dei por todo o mundo, concentrando as suas energias em dar aos homens e mulheres da Obra uma sólida formação doutrinal, ascética e apostólica. Por ocasião da sua morte, o Opus Dei contava mais de 60.000 membros de oitenta nacionalidades.

Mons. Escrivá foi Consultor da Comissão Pontifícia para a interpretação autêntica do Código de Direito Canônico e da Sagrada Congregação de Seminários e Universidades, Prelado de Honra de Sua Santidade e Acadêmico *ad honorem* da Pontifícia Academia Romana de Teologia. Foi também Grão-Chanceler das Universidades de Navarra (Pamplona, Espanha) e Piura (Peru).

São Josemaria Escrivá faleceu a 26 de junho de 1975. Havia anos que vinha oferecendo a Deus a sua vida pela Igreja e pelo Papa. Foi sepultado na Cripta da Igreja de Santa Maria da Paz, em Roma. Para suceder-lhe no governo, foi eleito por unanimidade, no dia 15 de setembro de 1975, mons. Álvaro del Portillo (1914-

1994), que durante muitos anos fora o colaborador mais próximo do Fundador. O atual Prelado do Opus Dei é D. Javier Echevarría, que também trabalhou durante várias décadas com São Josemaria Escrivá e com o seu primeiro sucessor, mons. del Portillo.

O Opus Dei, que desde o princípio contou com a aprovação da Autoridade diocesana e, de 1943 em diante, também com a *appositio manuum* e mais tarde com a aprovação da Santa Sé, foi erigido em Prelazia pessoal pelo Santo Padre João Paulo II no dia 28 de novembro de 1982: era a forma jurídica prevista e desejada por São Josemaria Escrivá.

A fama de santidade de que o Fundador do Opus Dei gozou já em vida foi-se estendendo após a sua morte por todos os recantos da terra, como o põem de manifesto os abundantes testemunhos de favores espirituais e materiais que se atribuem à sua intercessão, entre eles algumas curas medicamente inexplicáveis. Foram também numerosíssimas as cartas provenientes dos cinco continentes, entre as quais se contam as de sessenta e nove cardeais e cerca de mil e trezentos bispos – mais de um terço do episcopado mundial –, em que se pedia ao Papa a abertura da Causa de Beatificação e Canonização de mons. Escrivá.

A beatificação de mons. Escrivá foi celebrada pelo Papa João Paulo II em 17 de maio de 1992, e no dia 6 de outubro de 2002 o Santo Padre canonizou o Fundador do Opus Dei – incluindo-o assim no elenco dos Santos –, em solene cerimônia celebrada na Praça de São Pedro de Roma.

O corpo de São Josemaria Escrivá repousa na Igreja Prelatícia de Santa Maria da Paz (viale Bruno Buozzi, 75, Roma).

Entre os seus escritos publicados, contam-se, além do estudo teológico-jurídico *La Abadesa de Las Huelgas*, livros de espiritualidade que foram traduzidos para numerosas línguas: *Caminho, Santo Rosário, É Cristo que passa, Amigos de Deus, Via Sacra, Amar a Igreja, Sulco* e *Forja*, os últimos cinco publicados postumamente. Sob o título de *Entrevistas com Mons. Josemaria Escrivá*, publicaram-se também algumas das entrevistas que concedeu à imprensa.

Os textos da liturgia deste Domingo formam uma cadeia de invocações ao Senhor. Dizemos-lhe que é o nosso apoio, a nossa rocha, a nossa defesa[10]. A oração recolhe também esse motivo do intróito: *Tu nunca privas da tua luz aqueles que se estabelecem na solidez do teu amor*[11].

No gradual, continuamos a recorrer a Ele: *Nos momentos de angústia invoquei-Te, Senhor... Livra, ó Senhor, a minha alma dos lábios mentirosos, das línguas que enganam. Senhor, refugio-me em Ti*[12]. É comovente esta insistência de Deus, nosso Pai, empenhado em recordar-nos que devemos apelar para a sua Misericórdia a todo o momento, aconteça o que acontecer. Também agora, nestes tempos em que vozes confusas sulcam a Igreja; são tempos de extravio, porque muitas almas não encontram bons pastores, outros Cristos,

---

(10) Cf. Ps XVIII, 19-20.2-3. Intróito da Missa.
(11) Oração do segundo domingo depois de Pentecostes.
(12) Ps CXIX, 1-2; Ps VII, 2. Gradual da Missa.

que as guiem para o amor do Senhor, mas, pelo contrário, *ladrões e salteadores*, que vêm *para roubar, matar e destruir*[13].

Não temamos. A Igreja, que é o Corpo de Cristo, há de ser indefectivelmente o caminho e o redil do Bom Pastor, o fundamento robusto e a via aberta para todos os homens. Acabamos de ler no Santo Evangelho: *Vai até aos caminhos e cercados e anima a vir os que encontrares, para que se encha a minha casa*[14].

Mas, o que é a Igreja? Onde está a Igreja? Muitos cristãos, aturdidos e desorientados, não recebem resposta segura a estas perguntas, e chegam talvez a pensar que os ensinamentos que o Magistério formulou através dos séculos – e que os bons Catecismos propunham com toda a precisão e simplicidade – foram superados e hão de ser substituídos por outros novos. Uma série de fatos e de dificuldades parecem ter marcado encontro para ensombrar o rosto límpido da Igreja. Alguns afirmam: a Igreja está aqui, no empenho por acomodar-se ao que chamam *tempos modernos*. Outros gritam: a Igreja não é mais do que a ânsia de solidariedade dos homens; devemos modificá-la de acordo com as circunstâncias atuais.

Enganam-se. A Igreja, hoje, é a mesma que Cristo fundou, e não pode ser outra. *Os Apóstolos e os seus sucessores são vigários de Deus para o governo da Igreja, fundamentada na fé e nos Sacramentos da fé. E assim*

---

(13) Ioh X, 8.10.
(14) Lc XIV, 23.

como não lhes é lícito estabelecer outra Igreja, não podem também transmitir outra fé nem instituir outros sacramentos, porque pelos Sacramentos que jorraram do peito de Cristo suspenso da Cruz é que foi construída a Igreja[15]. *A* Igreja há de ser reconhecida pelas quatro notas indicadas na confissão de fé de um dos primeiros Concílios e que nós rezamos no Credo da Missa: *Uma única Igreja, Santa, Católica e Apostólica*[16]. Essas são as propriedades essenciais da Igreja, que derivam da sua natureza, tal como Cristo a quis. E, por serem essenciais, são também notas, sinais que a distinguem de qualquer outro tipo de união humana, embora nestas outras se ouça também pronunciar o nome de Cristo.

Há pouco mais de um século, o Papa Pio IX resumiu brevemente este ensinamento tradicional: *A verdadeira Igreja de Cristo constituiu-se e reconhece-se, por autoridade divina, pelas quatro notas que no Símbolo afirmamos deverem crer-se, e cada uma dessas notas está de tal modo unida às restantes que não pode ser separada das outras. Daí que aquela que verdadeiramente é e se chama Católica deva brilhar simultaneamente pela prerrogativa da unidade, da santidade e da sucessão apostólica*[17]. É este, insisto, o ensinamento tradicional da Igreja, repetido novamente – embora nestes últimos anos alguns o esqueçam, levados por um fal-

---

(15) São Tomás, *S. Th.* III, q. 64, a. 2 ad 3.
(16) Símbolo constantinopolitano, Denzinger-Schön., 150 (86).
(17) Pio IX, *Carta do Santo Ofício aos Bispos da Inglaterra*, 16-IX--1864, Denzinger-Schön., 2888 (1686).

so ecumenismo – pelo Concílio Vaticano II: *Esta é a única Igreja de Cristo – que no Símbolo professamos Una, Santa, Católica e Apostólica –, aquela que o nosso Salvador, depois da sua ressurreição, entregou a Pedro para que a apascentasse, encarregando-o a ele e aos outros Apóstolos de a difundir e governar, e que erigiu para sempre como coluna e fundamento da verdade*[18].

A Igreja é una

Que sejam um, assim como nós somos um[19], clama Cristo a seu Pai; *que todos sejam um e, como Tu, ó Pai!, o és em mim e eu em ti, também eles sejam um em nós*[20]. Brota constantemente dos lábios de Cristo esta exortação à unidade, *porque todo o reino dividido em facções contrárias será desolado; e toda a cidade ou família dividida em bandos não subsistirá*[21]. Exortação que se converte em desejo veemente: *Tenho também outras ovelhas que não são deste aprisco; e importa que eu as traga, e elas ouvirão a minha voz, e haverá um só rebanho e um só pastor*[22].

Com que acentos maravilhosos pregou Nosso Senhor esta doutrina! Multiplica as palavras e as imagens

---

(18) Concílio Vaticano II, Const. Dogm. *Lumen gentium*, n. 8.
(19) Ioh XVII, 11.
(20) Ioh XVII, 21.
(21) Mt XII, 25.
(22) Ioh X, 16.

para que o compreendamos e fique gravada na nossa alma a paixão pela unidade. *Eu sou a verdadeira vide e o meu Pai é o agricultor. Todo o sarmento que não der fruto em mim, Ele cortá-lo-á; e todo o que der fruto, podá-lo-á para que dê mais fruto... Permanecei em mim, que Eu permanecerei em vós. Como o sarmento não pode de si mesmo dar fruto se não estiver unido à vide, assim também vós se não permanecerdes em mim. Eu sou a vide e vós os sarmentos. Quem permanece em mim e Eu nele, esse dá muito fruto, porque, sem mim, nada podeis fazer*[23].

Não vedes como aqueles que se separam da Igreja, estando às vezes cheios de frondosidade, não tardam em secar e como os seus frutos se transformam em ver-mineira viva? Amai a Igreja Santa, Apostólica, Romana, Una! Porque, como escreve São Cipriano, *quem recolhe em outro lado, fora da Igreja, dissipa a Igreja de Cristo*[24]. E São João Crisóstomo insiste: *Não te separes da Igreja. Nada é mais forte do que a Igreja. A tua esperança é a Igreja; a tua salvação é a Igreja; o teu refúgio é a Igreja. E mais alta do que o céu e mais larga do que a terra. Nunca envelhece e o seu vigor é eterno*[25].

Defender a unidade da Igreja traduz-se em vivermos muito unidos a Jesus Cristo, que é a nossa vide. Como? Aumentando a nossa fidelidade ao Magistério

---

(23) Ioh, XV, 1-5.
(24) São Cipriano, *De catholicae Ecclesiae unitate*, 6; PL 4, 503.
(25) São João Crisóstomo, *Homilia de capto Eutropio*, 6.

perene da Igreja: *Na verdade, não foi prometido o Espírito Santo aos sucessores de Pedro para que por sua revelação manifestassem uma nova doutrina, mas para que, com a sua assistência, santamente preservassem e fielmente exprimissem a revelação transmitida pelos Apóstolos ou depósito da fé*[26]. Assim conservaremos a unidade: venerando esta Nossa Mãe sem mancha e amando o Romano Pontífice.

Alguns afirmam que ficamos poucos na Igreja. Eu responderia que, se todos defendêssemos com lealdade a doutrina de Cristo, depressa cresceria consideravelmente o número, porque Deus quer que se encha a sua casa. Na Igreja descobrimos Cristo, que é o Amor dos nossos amores. E temos que desejar para todos esta vocação, este júbilo íntimo que nos embriaga a alma, a doçura luminosa do Coração misericordioso de Jesus.

Devemos ser ecumênicos, ouve-se repetir. Sem dúvida. No entanto, temo que, por trás de algumas iniciativas autodenominadas ecumênicas, se oculte uma fraude, pois são atividades que não conduzem ao amor de Cristo, à verdadeira vide. Por isso não dão fruto. Eu peço todos os dias ao Senhor que torne cada vez maior o meu coração, para que continue a converter em sobrenatural este amor que pôs na minha alma por todos os homens, sem distinção de raça, de povo, de condições de cultura ou de fortuna. Estimo sinceramente todos os homens, católicos e não católicos, os

---

[26] Concílio Vaticano I, *Constituição dogmática sobre a Igreja*, Denzinger-Schön., 3070 (1836).

que creem em alguma coisa e os que não creem, que me dão tristeza. Mas Cristo fundou uma única Igreja, tem uma única Esposa.

A união dos cristãos? Sim. Mais ainda: a união de todos os que creem em Deus. Mas só existe uma Igreja verdadeira. Não é preciso reconstruí-la com pedaços dispersos por todo o mundo. E não necessita de passar por nenhum tipo de purificação para depois se encontrar finalmente limpa. *A Esposa de Cristo não pode ser adúltera, porque é incorruptível e pura. Só conhece uma casa, guarda a inviolabilidade de um único tálamo com pudor casto. Ela conserva-nos para Deus, ela destina para o Reino os filhos que gerou. Todo aquele que se separa da Igreja une-se a uma adúltera, afasta-se das promessas da Igreja: quem abandona a Igreja de Cristo não conseguirá as recompensas de Cristo*[27].

A Igreja é santa

Agora compreenderemos melhor como a unidade da Igreja leva à santidade, e como um dos aspectos capitais da sua santidade é essa unidade centrada no mistério de Deus Uno e Trino: *Um só corpo e um só espírito, como também vós fostes chamados a uma só esperança pela vossa vocação. Há um só Senhor, uma só fé, um só batismo. Há um só Deus e Pai de todos,*

---

(27) São Cipriano, *op. cit.*

que está acima de todos e governa todas as coisas e habita em todos nós[28].

Santidade, rigorosamente, não significa senão união com Deus. A uma maior intimidade com o Senhor corresponderá, portanto, maior santidade. A Igreja foi querida e fundada por Cristo, que cumpre assim a vontade do Pai; a Esposa do Filho é assistida pelo Espírito Santo. A Igreja é a obra da Santíssima Trindade; é Santa e Mãe, a Nossa Santa Madre Igreja.

Podemos admirar na Igreja uma perfeição a que chamaríamos original e outra final, escatológica. Às duas se refere São Paulo na Epístola aos Efésios: *Cristo amou a sua Igreja e por ela se entregou a si mesmo, para santificá-la, purificando-a no batismo da água, para fazê-la comparecer diante de si mesmo cheia de glória, sem mácula, nem ruga, ou coisa semelhante, mas santa e imaculada*[29].

A santidade original e constitutiva da Igreja pode ficar velada – mas nunca destruída, porque é indefectível: *as portas do inferno não prevalecerão contra ela*[30] –, pode ficar encoberta aos olhos humanos, dizia, em certos momentos de obscuridade quase coletiva. Mas São Pedro aplica aos cristãos o título de *gens sancta*[31], povo santo. E, sendo membros de um povo santo, todos os fiéis receberam essa vocação para a

---

(28) Eph IV, 4-6.
(29) Eph V, 25-27.
(30) Mt XVI, 18.
(31) I Pet II, 9.

santidade e hão de esforçar-se por corresponder à graça e ser pessoalmente santos. Ao longo de toda a história, e também na atualidade, tem havido muitos católicos que se santificaram efetivamente: jovens e velhos, solteiros e casados, sacerdotes e leigos, homens e mulheres.

Mas acontece que a santidade pessoal de tantos fiéis – em tempos passados e agora – não é uma coisa aparatosa. É frequente que não a descubramos nas pessoas normais, correntes e santas, que trabalham e convivem no meio de nós. Para um olhar terreno, o pecado e as faltas de fidelidade ressaltam mais; chamam mais a atenção.

Gens sancta, povo santo, composto por criaturas com misérias. Esta aparente contradição marca um aspecto do mistério da Igreja. A Igreja, que é divina, é também humana, porque é formada por homens e nós, os homens, temos defeitos: *Omnes homines terra et cinis*[32], todos somos pó e cinza.

Nosso Senhor Jesus Cristo, que fundou a Santa Igreja, espera que os membros deste povo se empenhem continuamente em alcançar a santidade. Nem todos respondem com lealdade à sua chamada. E é por isso que se notam na Esposa de Cristo, ao mesmo tempo, a maravilha do caminho de salvação e as misérias daqueles que o percorrem.

O Divino Redentor dispôs que a comunidade por Ele fundada fosse uma sociedade perfeita no seu gênero e dotada de todos os elementos jurídicos e sociais

---

(32) Ecclo XVII, 31.

para perpetuar neste mundo a obra da Redenção. [...] *Se na Igreja se descobre alguma coisa que manifeste a debilidade da nossa condição humana, não deve atribuir-se à sua constituição jurídica, mas antes à deplorável inclinação dos indivíduos para o mal, inclinação que o seu Divino Fundador permite mesmo nos mais altos membros do Corpo Místico, para que seja posta a prova a virtude das ovelhas e dos pastores, e para que em todos aumentem os méritos da fé cristã*[33].

Essa é a realidade da Igreja, agora e aqui. Por isso, a santidade da Esposa de Cristo é compatível com a existência de pessoas com defeitos no seu seio. *Cristo não excluiu os pecadores da sociedade por Ele fundada. Se, portanto, alguns membros padecem de doenças espirituais, nem por isso deve diminuir o nosso amor à Igreja. Pelo contrário, até há de aumentar a nossa compaixão pelos seus membros*[34].

Demonstraria pouca maturidade aquele que, na presença de defeitos e misérias que encontrasse em alguma pessoa pertencente à Igreja – por mais alto que estivesse colocada em virtude da sua função –, sentisse diminuir a sua fé na Igreja e em Cristo. A Igreja não é governada por Pedro, João ou Paulo; é governada pelo Espírito Santo, e o Senhor prometeu que permanecerá a seu lado *todos os dias, até à consumação dos séculos*[35].

Escutai o que diz São Tomás, que tanto se debruçou

---

(33) Pio XII, Encíclica *Mystici Corporis*, 29-VI-1943.
(34) *Ibidem*.
(35) Mt XXVIII, 20.

sobre este ponto, a respeito da recepção dos Sacramentos, que são causa e sinal da graça santificante: *Aquele que se abeira dos Sacramentos, recebe-os sem dúvida do ministro da Igreja, mas não como tal pessoa, e sim como ministro da Igreja. Por isso, enquanto a Igreja lhe permitir exercer o seu ministério, aquele que recebe das suas mãos o Sacramento não participa do pecado do ministro indigno, mas comunica com a Igreja, que o tem por ministro*[36]. Quando o Senhor permitir que venha à tona a fraqueza humana, a nossa reação há de ser a mesma que teríamos se víssemos a nossa mãe doente ou tratada com frieza: amá-la mais, ter para com ela mais manifestações externas e internas de carinho.

Se amamos a Igreja, nunca aparecerá em nós o interesse mórbido de pôr à mostra, como culpa da Mãe, as misérias de alguns dos seus filhos. A Igreja, Esposa de Cristo, não tem por que entoar nenhum *mea culpa*. Nós sim: *mea culpa, mea culpa, mea máxima culpa!* Este *é* o verdadeiro *meaculpismo, o* pessoal, e não o que ataca a Igreja, apontando e exagerando os defeitos humanos, que, nesta Mãe Santa, são uma consequência da ação nEla exercida pelos homens. Ação que, aliás, só vai até onde os homens podem, porque nunca chegarão a destruir – nem sequer a tocar – aquilo a que chamávamos a santidade original e constitutiva da Igreja.

Com toda a propriedade, Deus Nosso Senhor comparou a Igreja à eira onde se amontoa a palha e o trigo,

---

(36) São Tomás, *S. Th.*, III, q. 64, a. 6 ad 2.

esse trigo de que sairá o pão para a mesa e para o altar; comparou-a também a uma rede de arrastão *ex omni genere piscium congreganti*[37], que apanha peixes bons e maus, os quais depois serão separados.

O mistério da santidade da Igreja – essa luz original, que pode ficar oculta pela sombra das baixezas humanas – exclui todo e qualquer pensamento de suspeita ou de dúvida sobre a beleza da nossa Mãe. Nem se pode tolerar sem protesto que outros a insultem. Não procuremos na Igreja os lados vulneráveis à crítica, como alguns que não demonstram ter fé nem amor. Não posso conceber como seja possível ter um carinho verdadeiro pela nossa mãe e falar dela com frieza.

A nossa Mãe é Santa porque nasceu pura e continuará sem mácula por toda a eternidade. Se, por vezes, não soubermos descobrir o seu rosto formoso, limpemos nós os olhos; se notarmos que a sua voz não nos agrada, tiremos dos nossos ouvidos a dureza que nos impede de ouvir, no seu tom, os assobios do Pastor amoroso. A nossa Mãe é Santa com a santidade de Cristo, à qual está unida no corpo – que somos todos nós – e no espírito, que é o Espírito Santo, enraizado também no coração de cada um de nós, se nos conservamos na graça de Deus.

Santa, Santa, Santa!, ousamos cantar à Igreja, evocando o hino em honra da Santíssima Trindade. Tu és Santa, Igreja, minha Mãe, porque foste fundada pelo Filho de Deus, Santo; és Santa porque assim o dispôs o

---

(37) Mt XIII, 47.

Pai, fonte de toda a santidade; és Santa porque te assiste o Espírito Santo, que mora na alma dos fiéis a fim de reunir os filhos do Pai, que habitarão na Igreja do Céu, a Jerusalém eterna.

A Igreja é católica

Deus *quer que todos os homens se salvem e cheguem ao conhecimento da verdade. Porque há um só Deus, e há um só medianeiro entre Deus e os homens, que é Jesus Cristo Homem, o qual se deu a si mesmo em resgate de todos e para testemunho no tempo oportuno*[38]. Jesus Cristo institui uma única Igreja, a sua Igreja; por isso, a Esposa de Cristo é Una e Católica: universal, para todos os homens.

Desde há séculos que a Igreja está estendida por todo o mundo, contando com pessoas de todas as raças e condições sociais. Mas a catolicidade da Igreja não depende da extensão geográfica, mesmo que isto seja um sinal visível e um motivo de credibilidade. A Igreja era Católica já no dia de Pentecostes; nasce Católica do Coração chagado de Jesus, como um fogo que o Espírito Santo inflama.

No século II, os cristãos definiam como Católica a Igreja para distingui-la das seitas que, utilizando o nome de Cristo, traíam em algum ponto a sua doutrina. *Chamamos-lhe Católica*, escreve São Cirilo, *quer porque se encontra difundida por todo o orbe da terra,*

---

(38) I Tim II, 4-6.

de um confim ao outro, quer porque ensina de modo universal e sem falha todos os dogmas que os homens devem conhecer, do visível e do invisível, do celestial e do terreno. Também porque submete ao reto culto todo o tipo de homens, governantes e cidadãos, doutos e ignorantes. E, finalmente, porque cura e sara todo o gênero de pecados, da alma ou do corpo, possuindo além disso – seja qual for o nome com que se designem – todas as formas de virtude, em fatos, em palavras e em toda a espécie de dons espirituais[39].

A catolicidade da Igreja não depende de que os não católicos a aclamem ou tenham consideração por Ela. Nem se relaciona com o fato de que, em assuntos não espirituais, as opiniões de algumas pessoas, dotadas de autoridade na Igreja, sejam consideradas – e às vezes instrumentalizadas – por alguns meios de opinião pública como correntes afins ao seu pensamento. Acontecerá com frequência que a parte de verdade que se defende em qualquer ideologia humana encontre no ensino perene da Igreja algum eco ou algum fundamento; isto é, em certa medida, um sinal da divindade da Revelação que esse Magistério guarda. Mas a Esposa de Cristo é Católica mesmo quando é deliberadamente ignorada por muitos, e até ultrajada e perseguida, como acontece hoje por desgraça em tantos lugares.

A Igreja não é um partido político, nem uma ideologia social, nem uma organização mundial de concórdia ou de progresso material, mesmo reconhecendo a

---

(39) São Cirilo, *Catechesis*, 18, 23.

nobreza dessas e de outras atividades. A Igreja realizou sempre e continua a realizar um imenso trabalho em benefício dos necessitados, dos que sofrem e de todos aqueles que, de alguma maneira, padecem as consequências do único e verdadeiro mal, que é o pecado. E a todos – aos que são de qualquer forma indigentes e aos que julgam gozar da plenitude dos bens da terra – a Igreja vem confirmar uma única coisa essencial, definitiva: que o nosso destino é eterno e sobrenatural; que só em Jesus Cristo nos salvamos para sempre; e que só nEle alcançamos, já nesta vida, de algum modo, a paz e a felicidade verdadeiras.

Pedi agora comigo a Deus Nosso Senhor que nós, os católicos, nunca nos esqueçamos destas verdades e que nos decidamos a pô-las em prática. A Igreja Católica não precisa do «visto bom» dos homens, porque é obra de Deus.

Haveremos de mostrar-nos católicos pelos frutos de santidade que dermos, visto que a santidade não admite fronteiras nem é patrimônio de nenhum particularismo humano. Haveremos de mostrar-nos católicos se rezarmos, se continuamente procurarmos dirigir-nos a Deus, se nos esforçarmos, sempre e em tudo, por ser justos – no mais amplo alcance do termo justiça, não raramente utilizado nestes tempos com um matiz materialista e errôneo –, se amarmos e defendermos a liberdade pessoal dos demais homens.

Lembro-vos também outro sinal claro da catolicidade da Igreja: a fiel conservação e administração dos Sacramentos tal como foram instituídos por Jesus Cristo, sem tergiversações humanas nem más tentativas de os condicionar psicológica ou sociologicamente. Porque *ninguém pode determinar o que está sob a potestade de outrem, a não ser aquilo que está em seu poder. E como a santificação do homem está sob a potestade de Deus santificante, não compete ao homem estabelecer, segundo o seu critério, quais as coisas que o hão de santificar, mas isto há de ser determinado por instituição divina*[40]. Essas tentativas de tirar a universalidade à essência dos Sacramentos poderiam ter talvez uma justificação se se tratasse apenas de *sinais*, de *símbolos*, que atuassem por leis naturais de compreensão e entendimento. Mas *os Sacramentos da Nova Lei são ao mesmo tempo causas e sinais. Por isso se ensina comumente que causam o que significam. Daí que conservem perfeitamente a razão de Sacramento, enquanto se ordenam para algo sagrado, não só como sinais, mas também como causas*[41].

Esta Igreja Católica é romana. Eu saboreio esta palavra: romana! Sinto-me romano, porque romano quer dizer universal, católico; porque me leva a amar carinhosamente o Papa, *il dolce Cristo in terra*, como gostava de repetir Santa Catarina de Sena, a quem tenho por amiga amadíssima.

Deste centro católico romano – sublinhou Paulo VI no discurso de encerramento do Concílio Vaticano II –, *ninguém é, em teoria, inalcançável; todos po-*

---

(40) São Tomás, *S. Th.*, III, q. 60, a. 5.
(41) *Ibidem*, q. 62, a. 1 ad 1.

dem e devem ser alcançados. Para a Igreja Católica, ninguém é estranho, ninguém está excluído, ninguém se considera afastado[42]. Venero com todas as minhas forças a Roma de Pedro e de Paulo, banhada pelo sangue dos mártires, centro donde tantos saíram para propagar por todo o mundo a palavra salvadora de Cristo. Ser romano não implica nenhum particularismo, mas ecumenismo autêntico. Representa o desejo de dilatar o coração, de abri-lo a todos com as ânsias redentoras de Cristo, que a todos procura e a todos acolhe, porque a todos amou primeiro.

Santo Ambrósio escreveu umas breves palavras, que compõem uma espécie de cântico de alegria: *Onde está Pedro, aí está a Igreja; e onde está a Igreja, não reina a morte, mas a vida eterna*[43]. Porque onde estão Pedro e a Igreja está Cristo, e Ele é a salvação, o único caminho.

A Igreja é apostólica

Nosso Senhor funda a sua Igreja sobre a fraqueza – mas também sobre a fidelidade – de alguns homens, os Apóstolos, aos quais promete a assistência constante do Espírito Santo. Leiamos outra vez o texto conhecido, que é sempre novo e atual: *Foi-me dado todo o po-*

---

(42) Sacrosanctum Oecumenicum Concilium Vaticanum II, *Constitutiones, Decreta, Declarationes*, Vaticano, 1966, pág. 1079.

(43) Santo Ambrósio, *In XII Ps. Enarratio*, 40, 30.

der no céu e na terra. Ide, pois, e instruí todas as gentes, batizando-as em nome do Pai e do Filho e do Espírito Santo, ensinando-as a observar todas as coisas que vos mandei. E estai certos de que eu estarei convosco todos os dias, até a consumação dos séculos[44].

A pregação do Evangelho não surge na Palestina pela iniciativa pessoal de umas tantas pessoas fervorosas. Que podiam fazer os Apóstolos? Não eram ninguém no seu tempo; não eram ricos, nem cultos, nem heróis do ponto de vista humano. Jesus lança sobre os ombros desse punhado de discípulos uma tarefa imensa, divina. *Não fostes vós que me escolhestes, mas fui eu que vos escolhi, e vos destinei para que vades e deis fruto, e o vosso fruto permaneça, afim de que tudo o que pedirdes ao Pai em meu nome, Ele vo-lo conceda*[45].

Através de dois mil anos de história, conserva-se na Igreja a sucessão apostólica. *Os bispos*, declara o Concílio de Trento, *sucederam no lugar dos Apóstolos e, como diz o próprio Apóstolo* (Paulo), *estão colocados pelo Espírito Santo para reger a Igreja de Deus (Act XX, 28)*[46]. E, dentre os Apóstolos, o próprio Cristo tornou Simão objeto de uma escolha especial: *Tu és Pedro e sobre esta pedra edificarei a minha Igreja*[47]. *Eu roguei por ti*, acrescenta também, *para que a tua fé*

---

(44) Mt XXVIII, 18-20.

(45) Ioh XV, 16.

(46) Concílio de Trento, *Doutrina sobre o Sacramento da Ordem*, Denzinger-Schön., 1768 (960).

(47) Mt XVI, 18.

não pereça; e tu, uma vez convertido, confirma os teus irmãos[48].

Pedro muda-se para Roma e fixa ali a sede do primado, do Vigário de Cristo. Por isso, é em Roma que melhor se observa a sucessão apostólica, e por isso Roma é chamada a Sé apostólica por antonomásia. O Concílio Vaticano proclamou – com palavras de um Concílio anterior, o de Florença – que *todos os fiéis de Cristo devem crer que a Santa Sé Apostólica e o Romano Pontífice possuem o primado sobre todo o orbe, e que o próprio Romano Pontífice é sucessor do bem-aventurado Pedro, príncipe dos Apóstolos, verdadeiro vigário de Jesus Cristo, cabeça de toda a Igreja e pai e mestre de todos os cristãos. A ele foi entregue por Nosso Senhor Jesus Cristo, na pessoa do bem-aventurado Pedro, a plena potestade de apascentar, reger e governar a Igreja universal*[49].

A suprema potestade do Romano Pontífice e a sua infalibilidade, quando fala *ex cathedra*, não são uma invenção humana, pois baseiam-se na explícita vontade fundacional de Cristo. Que pouco sentido faz contrapor o governo do Papa ao dos bispos, ou submeter a validade do Magistério pontifício ao consentimento dos fiéis! Nada mais alheio à Igreja do que o equilíbrio de poderes; não nos servem os esquemas humanos, por mais atrativos ou funcionais que sejam. Ninguém

---

(48) Lc XXII, 32.
(49) Concílio Vaticano I, *Constituição dogmática sobre a Igreja*, Denzinger-Schön., 3059 (1826).

na Igreja goza por si mesmo de potestade absoluta, enquanto homem; na Igreja, não há outro chefe além de Cristo; e Cristo quis constituir um Vigário seu – o Romano Pontífice – para a sua Esposa peregrina nesta terra.

A Igreja é Apostólica por constituição: *Aquela que verdadeiramente é e se chama Católica deve brilhar simultaneamente pela prerrogativa da unidade, da santidade e da sucessão apostólica. Assim, a Igreja é Una, com unidade esclarecida e perfeita de toda a terra e de todas as nações, com aquela unidade da qual é princípio, raiz e origem indefectível a suprema autoridade e mais excelente primazia do bem-aventurado Pedro, príncipe dos Apóstolos, e dos seus sucessores na Cátedra romana. E não existe outra Igreja Católica senão aquela que, edificada sobre o único Pedro, se levanta pela unidade da fé e pela caridade num único corpo conexo e compacto*[50].

Contribuímos para tornar mais evidente essa apostolicidade, aos olhos de todos, manifestando com delicada fidelidade a união com o Papa, que é união com Pedro. O amor ao Romano Pontífice há de ser em nós uma formosa paixão, porque nele vemos Cristo. Se cultivarmos a intimidade com o Senhor por meio da oração, caminharemos com um olhar desanuviado que nos permitirá distinguir – mesmo nos acontecimentos que às vezes não compreendemos ou que nos causam pranto ou dor – a ação do Espírito Santo.

---

(50) Pio IX, *op. cit.*

A missão apostólica de todos os católicos

A Igreja santifica-nos, depois de entrarmos no seu seio pelo Batismo. Recém-nascidos para a vida natural, podemos logo acolher-nos à graça santificante. *A fé de uma pessoa, mais ainda, a fé de toda a Igreja, beneficia a criança pela ação do Espírito Santo, que dá unidade à Igreja e comunica os bens de uns aos outros*[51]. É uma maravilha esta maternidade sobrenatural da Igreja, que o Espírito Santo lhe confere. *A regeneração espiritual, que se opera pelo Batismo, é de alguma maneira semelhante ao nascimento corporal. Assim como as crianças que se encontram no seio da mãe não se alimentam por si mesmas, porque se nutrem do sustento da mãe, também os pequeninos que não têm uso da razão se encontram como crianças no seio da sua Mãe, a Igreja, pois recebem a salvação pela ação da Igreja, e não por si mesmos*[52].

Manifesta-se assim em toda a sua grandeza o poder sacerdotal da Igreja, que procede diretamente de Cristo. *Cristo é a fonte de todo o sacerdócio. O sacerdote da Lei Antiga era como a sua figura, mas o sacerdote da Nova Lei age na pessoa de Cristo, segundo o que se diz em II Cor 2, 10: pois aquele a quem perdoo, se perdoo, perdoo-lhe por amor de vós na pessoa de Cristo*[53].

---

(51) São Tomás, *S. Th.*, III, q. 68, a. 9 ad 2.
(52) *Ibidem*, ad 1.
(53) *Ibidem*, q. 22, a. 4.

A mediação salvadora entre Deus e os homens perpetua-se na Igreja através do Sacramento da Ordem, que capacita os que o recebem – pelo caráter e pela graça consequentes – para agir como ministros de Jesus Cristo em favor de todas as almas. *Que um possa realizar um ato que outro não pode, não provém da diversidade na bondade ou na malícia, mas da potestade adquirida, que um possui e o outro não. Por isso, como o leigo não recebe a potestade de consagrar, não pode fazer a consagração, seja qual for a sua bondade pessoal*[54].

Na Igreja, há diversidade de ministérios, mas um só é o fim: a santificação dos homens. E desta tarefa participam de algum modo todos os cristãos, pelo caráter recebido com os Sacramentos do Batismo e da Confirmação. Todos devemos sentir-nos responsáveis por essa missão da Igreja, que é a missão de Cristo. Quem não tiver zelo pela salvação das almas, quem não procurar com todas as suas forças que o nome e a doutrina de Cristo sejam conhecidos e amados, não compreenderá a apostolicidade da Igreja.

Um cristão passivo não é capaz de entender o que Cristo quer de todos nós. Um cristão que cuide apenas das *suas coisas* e se despreocupe da salvação dos outros, não ama com o Coração de Jesus. O apostolado não é missão exclusiva da Hierarquia, nem dos sacerdotes ou dos religiosos. A todos nos chama o Senhor para sermos instrumentos, com o exemplo e com

---

(54) *Idem, In IV Sent.*, d. 13, q. 1, a. 1.

a palavra, dessa torrente de graça que salta até à vida eterna.

Sempre que lemos os Atos dos Apóstolos, emocionam-nos a audácia dos discípulos de Cristo, a sua confiança na missão recebida e a sua sacrificada alegria. Não pedem multidões. Ainda que as multidões tenham, eles dirigem-se a cada alma em concreto, a cada homem, um por um: Filipe ao etíope[55]; Pedro ao centurião Cornélio[56]; Paulo a Sérgio Paulo[57].

Tinham aprendido do Mestre. Recordai a parábola dos operários que aguardavam trabalho, no meio da praça da aldeia. Quando o dono da vinha foi até lá, com o dia já bem avançado, descobriu que ainda havia homens de braços cruzados: *Por que estais aqui todo o dia ociosos? Porque ninguém nos contratou*, responderam[58]. Isto não deve suceder na vida do cristão; não deve haver ninguém à sua volta que possa afirmar que não ouviu falar de Cristo porque ninguém lho anunciou.

Os homens pensam frequentemente que nada os impede de prescindir de Deus. Enganam-se. Apesar de não o saberem, jazem como o paralítico da piscina probática: incapazes de se deslocarem até às águas que salvam, até à doutrina que dá alegria à alma. A culpa é muitas vezes dos cristãos, porque essas pessoas poderiam repetir *hominem non habeo*[59], não tenho uma

---

(55) Cf. Act VIII, 26-40.
(56) Cf. Act X, 1-48.
(57) Cf. Act XIII, 6-12.
(58) Mt XX, *6-7.*
(59) Ioh V, 7.

só pessoa que me ajude. Todos os cristãos devem ser apóstolos, porque Deus, que não precisa de ninguém, precisa de nós. Conta conosco e com a nossa dedicação para propagar a sua doutrina salvadora.

Pudemos contemplar o mistério da Igreja, Una, Santa, Católica, Apostólica. É hora de nos perguntarmos: compartilho com Cristo da sua ânsia de almas? Peço por esta Igreja de que faço parte, onde devo realizar uma missão específica que ninguém mais pode realizar por mim? Estar na Igreja já é muito, mas não basta. Devemos ser Igreja, porque a nossa Mãe nunca há de ser para nós estranha, exterior, alheia aos nossos pensamentos mais profundos.

Acabamos aqui estas considerações sobre as notas da Igreja. Com a ajuda do Senhor, essas notas terão ficado impressas na nossa alma e fortalecerão em nós um critério claro, seguro, divino, para amarmos mais esta Mãe Santa, que nos trouxe à vida da graça e nos alimenta dia a dia com uma solicitude inesgotável.

Se porventura ouvirdes palavras ou gritos de ofensa à Igreja, manifestai a essa gente sem amor, com humanidade e caridade, que não se pode maltratar uma Mãe assim. Agora atacam-na impunemente, porque o seu reino, que é o do seu Mestre e Fundador, não é deste mundo. *Enquanto gemer o trigo entre a palha, enquanto suspirarem as espigas entre a cizânia, enquanto se lamentarem os vasos de misericórdia entre os de ira, enquanto chorar o lírio entre os espinhos, não faltarão inimigos que digam: quando morrerá e perecerá o seu nome? Ou seja, vede que virá um tempo em que hão de desaparecer e já não haverá mais cristãos... Mas, enquanto dizem isso, eles morrem sem remédio. E a Igreja permanece*[60].

Aconteça o que acontecer, Cristo não abandonará a sua Esposa. A Igreja triunfante está já junto dEle, à direita do Pai. E dali nos chamam os nossos irmãos cristãos, que glorificam a Deus por esta realidade que nós ainda só podemos ver através da clara penumbra da fé: a Igreja Una, Santa, Católica e Apostólica.

---

(60) Santo Agostinho, *Enarrationes in Psalmos*, 70, 2, 12.

O fim sobrenatural da Igreja

Homilia pronunciada em 28 de maio de 1972,
Festa da Santíssima Trindade.

Para começar, gostaria de vos recordar aqui umas palavras de São Cipriano: *A Igreja universal apresenta-se-nos como um povo cuja unidade é obtida a partir da unidade do Pai, do Filho e do Espírito Santo*[61]. Não estranheis, portanto, que nesta festa da Santíssima Trindade a homilia trate da Igreja; tanto mais que a Igreja tem as suas raízes no mistério fundamental da nossa fé católica: o de Deus uno em essência e trino em pessoas.

A Igreja centrada na Trindade, eis como sempre, a consideraram os Padres. Vede como são claras as palavras de Santo Agostinho: *Deus, pois, habita no seu templo; não apenas o Espírito Santo, mas igualmente o Pai e o Filho [...]. Por isso, a Santa Igreja é o templo de Deus, ou seja, de toda a Trindade*[62].

Quando nos reunirmos de novo no próximo domin-

---

(61) São Cipriano, *De oratione dominica*, 23; PL 4, 553.
(62) Santo Agostinho, *Enchiridion*, 56, 15; PL 40, 259.

go, consideraremos outro dos aspectos maravilhosos da Santa Igreja, que são as notas que recitaremos dentro em pouco no Credo, depois de cantarmos a nossa fé no Pai, no Filho e no Espírito Santo. *Et in Spiritum Sanctum*, dizemos. E, logo a seguir: *et unam, sanctam, catholicam et apostolicam Ecclesiam*[63], confessamos que há uma só Igreja, Una, Santa, Católica e Apostólica.

Todos aqueles que amaram a Igreja de verdade souberam relacionar essas quatro notas com o mais inefável mistério da nossa santa religião: a Santíssima Trindade. *Nós cremos na Igreja de Deus, Una, Santa, Católica e Apostólica, na qual recebemos a doutrina; conhecemos o Pai, o Filho e o Espírito Santo e somos batizados em nome do Pai, do Filho e do Espírito Santo*[64].

Momentos difíceis

É necessário meditarmos com frequência, para não corrermos o risco de o esquecer, que a Igreja é um mistério grande e profundo. Nunca poderá ser abarcado nesta terra. Se a razão tentasse explicá-lo por si só, apenas veria uma reunião de pessoas que cumprem certos preceitos e pensam de forma parecida. Mas isso não seria a Santa Igreja.

---

(63) *Credo* da Santa Missa.
(64) São João Damasceno, *Adversum Icon.*, 12; PG 96, 1358, D.

Na Santa Igreja, nós, os católicos, encontramos a nossa fé, as normas de conduta, a oração, o sentido da fraternidade e a comunhão com todos os irmãos que já desapareceram e que se purificam no Purgatório – Igreja padecente – ou que já gozam da visão beatífica – Igreja triunfante –, amando eternamente o Deus três vezes Santo. Por isso, a Igreja permanece aqui e, ao mesmo tempo, transcende a História. A Igreja, que nasceu sob o manto de Santa Maria, continua – na terra e no céu – a louvá-la como Mãe.

Confirmemos em nós mesmos o caráter sobrenatural da Igreja. Confessemo-lo aos gritos, se for preciso, porque nestes momentos são muitos aqueles que – embora fisicamente se encontrem dentro da Igreja, e até em altas posições – se esqueceram destas verdades capitais e pretendem apresentar uma imagem da Igreja que não é Santa, que não é Una, que não pode ser Apostólica porque não se apoia na rocha de Pedro, que não é Católica porque está sulcada de particularismos ilegítimos, de caprichos de homens.

Não é novidade. Desde que Nosso Senhor Jesus Cristo fundou a Santa Igreja, esta nossa Mãe sofre uma perseguição constante. Talvez em outras épocas as agressões se organizassem mais abertamente. Agora, em muitos casos, trata-se de uma perseguição camuflada. Seja como for, hoje, como ontem, continua-se a combater a Igreja.

Repito-vos uma vez mais que não sou pessimista, nem por temperamento nem por hábito. Como se poderá ser pessimista se Nosso Senhor prometeu que estaria conosco até ao fim dos séculos[65]? A efusão do Espírito Santo plasmou, na reunião dos discípulos no Cenáculo, a primeira manifestação pública da Igreja[66].

O nosso Pai-Deus – esse Pai amoroso que cuida de nós como da *menina dos seus olhos*[67], conforme nos diz a Escritura, com uma expressão plástica para podermos entendê-lo – não cessa de santificar, pelo Espírito Santo, a Igreja fundada pelo seu Filho amadíssimo. Mas a Igreja vive atualmente dias difíceis, anos de grande desconcerto para as almas. O clamor da confusão levanta-se por todos os lados, e renascem com estrondo todos os erros que houve ao longo dos séculos.

Fé. Precisamos de fé. Se se olha com olhos de fé, descobre-se que a Igreja *contém em si mesma e difunde ao seu redor a sua própria apologia. Quem a contempla, quem a estuda com olhos de amor à verdade, deve reconhecer que Ela, independentemente dos homens que a compõem e das modalidades práticas com que se apresenta, traz em si mesma uma mensagem de luz universal e única, libertadora e necessária, divina*[68].

---

(65) Cf. Mt XXVIII, 20.

(66) *Ecclesia, quae iam concepta, ex latere ipso secundi Adami velut in cruce dormientis orta erat, sese in lucem hominum insigni modo primitus dedit die celeberrima Pentecostes. Ipsaque die benefecia sua Spiritus Sanctus in mystico Christi Corpore prodere coepit* [«A Igreja, que já tinha sido concebida e nascera do próprio lado do segundo Adão, o qual estava como que adormecido na Cruz, foi dada à luz dos homens pela primeira vez, de modo manifesto, no celebérrimo dia de Pentecostes. Naquele mesmo dia, o Espírito Santo começou a prestar os seus benefícios no Corpo Místico de Cristo»]. Leão XIII, encíclica *Divinum ilud munus*, AAS 29, pág. 648.

(67) Dt XXXII, 10.

(68) Paulo VI, *Alocução*, 23-VI-1966.

Quando ouvimos vozes de heresia – porque são exatamente isso, e nunca me agradaram os eufemismos –, quando observamos que se ataca impunemente a santidade do matrimônio e do sacerdócio, a concepção imaculada de Nossa Mãe Santa Maria e a sua virgindade perpétua – com todos os restantes privilégios e excelências com que Deus a adornou –, o milagre perene da presença real de Jesus Cristo na Sagrada Eucaristia, o primado de Pedro, a própria Ressurreição de Nosso Senhor – como não sentir a alma cheia de tristeza? Mas tende confiança, porque a Santa Igreja é incorruptível. *A Igreja vacilará se o seu fundamento vacilar, mas poderá vacilar Cristo? Uma vez que Cristo não vacila, a Igreja jamais fraquejará até ao fim dos tempos*[69].

O humano e o divino na Igreja

Assim como em Cristo há duas naturezas – a humana e a divina –, assim, por analogia, podemos referir-nos à existência de um elemento humano e de um elemento divino na Igreja. A ninguém passa despercebida a evidência dessa parte humana. A Igreja, neste mundo, está composta por homens e para homens. Ora, falar do homem é falar de liberdade, da possibilidade de grandezas e de mesquinharias, de heroísmos e de claudicações.

Se só admitíssemos a parte humana da Igreja, nunca a conseguiríamos compreender, pois não teríamos che-

---

(69) Santo Agostinho, *Enarr. in Ps.*, 103, 2, 5; PL 37, 1353.

gado ao limiar do mistério. A Sagrada Escritura utiliza muitos termos – tirados da experiência terrena – para os aplicar ao Reino de Deus e à sua presença entre nós na Igreja. Compara-a ao redil, ao rebanho, à casa, à semente, à vinha, ao campo onde Deus planta ou edifica. Mas há uma expressão que se evidencia e tudo compendia: a Igreja é o Corpo de Cristo.

E assim o próprio Cristo a uns constituiu apóstolos, a outros profetas, a outros evangelistas, a outros pastores e doutores, afim de trabalharem para a edificação dos santos, para as funções do seu ministério e para a construção do Corpo de Jesus Cristo[70]. São Paulo escreve também que *todos nós, ainda que sejamos muitos, formamos um só corpo em Cristo, sendo todos reciprocamente membros uns dos outros*[71]. Como é luminosa a nossa fé! Todos somos em Cristo, porque *Ele é a Cabeça do corpo da Igreja*[72].

É a fé que os cristãos sempre confessaram. Escutai comigo estas palavras de Santo Agostinho: *E desde então Cristo inteiro está formado pela cabeça e pelo corpo, verdade que, não duvido, conheceis bem. A cabeça é o nosso próprio Salvador, que padeceu sob Pôncio Pilatos e agora, depois de ressuscitar dentre os mortos, está sentado à direita do Pai. E o seu corpo é a Igreja. Não esta ou aquela Igreja, mas a que se encontra estendida por todo o mundo. Nem apenas a que*

---

(70) Eph IV, 11-12.
(71) Rom XII, 5.
(72) Col I, 18.

existe entre os homens atuais, uma vez que a ela pertencem também os que viveram antes de nós e os que hão de existir depois, até ao fim do mundo. Assim, toda a Igreja, formada pela reunião dos fiéis – porque todos os fiéis são membros de Cristo –, possui Cristo como Cabeça, que governa do Céu o seu corpo. E, embora esta Cabeça se encontre fora da vista do corpo, está--lhe unida pelo amor[73].

Agora compreendeis por que não se pode separar a Igreja visível da Igreja invisível. A Igreja é, simultaneamente, corpo místico e corpo jurídico. *Pelo próprio fato de ser corpo, a Igreja distingue-se com os olhos,* ensinou Leão XIII[74]. No corpo visível da Igreja – no comportamento dos homens que a compõem aqui na terra – aparecem misérias, vacilações, traições. Mas a Igreja não se esgota aí, nem se confunde com essas condutas erradas. Em contrapartida, não faltam, aqui e agora, generosidades, afirmações heroicas, vidas de santidade que não produzem ruído, que se consomem com alegria no serviço dos irmãos na fé e de todas as almas.

Considerai, além disso, que, mesmo que as claudicações superassem numericamente as valentias, ficaria ainda essa realidade mística – clara, inegável, embora não a percebamos com os sentidos – que é o Corpo de Cristo, o próprio Senhor Nosso, a ação do Espírito Santo, a presença amorosa do Pai.

---

(73) Santo Agostinho, *Enarr. in Ps.*, 56, 1; PL 36, 662.
(74) Leão XIII, Encíclica *Satis cognitum*, AAS 28, pág. 710.

A Igreja é, por conseguinte, inseparavelmente humana e divina. *E sociedade divina pela sua origem, sobrenatural pelo seu fim e pelos meios que se ordenam proximamente para esse fim; mas, na medida em que se compõe de homens, é uma comunidade humana*[75]. Vive e atua no mundo, porém o seu fim e a sua força não estão na terra, mas no Céu.

Enganar-se-iam gravemente aqueles que procurassem separar uma Igreja *carismática* – que seria a verdadeiramente fundada por Cristo – de outra jurídica ou *institucional*, que seria obra dos homens e simples efeito de contingências históricas. Só há uma Igreja. Cristo fundou uma única Igreja: visível e invisível, com um corpo hierárquico e organizado e com uma estrutura fundamental de direito divino e uma íntima vida sobrenatural que a anima, sustenta e vivifica.

E não é possível deixar de recordar que, quando o Senhor instituiu a sua Igreja, *não a concebeu nem formou de modo a compreender uma pluralidade de comunidades semelhantes no seu gênero, mas diferentes, e não ligadas por aqueles vínculos que a tornam, indivisível e única [...]. Por isso, quando Jesus Cristo fala deste místico edifício, refere-se apenas a uma Igreja a que chama sua:* Edificarei a minha Igreja *(Mt XVI, 18). Qualquer outra que se imagine fora desta, por não ter sido fundada por Ele, não pode ser a sua verdadeira Igreja*[76].

---

(75) *Ibidem*, pág. 724.
(76) *Ibidem*, págs. 712-713.

Fé, repito; aumentemos a nossa fé, pedindo-a à Trindade Santíssima, cuja festa celebramos hoje. Poderá acontecer tudo, exceto que o Deus três vezes Santo abandone a sua Esposa.

O fim da Igreja

São Paulo, no primeiro capítulo da epístola aos Efésios, afirma que o mistério de Deus, anunciado por Cristo, se realiza na Igreja. *Deus Pai pôs debaixo dos pés de Cristo todas as coisas, e constituiu-o cabeça de toda a Igreja, que é o seu corpo e o complemento dAquele que cumpre tudo em todos*[77]. O mistério de Deus é, *uma vez chegada a plenitude dos tempos, restaurar em Cristo todas as coisas, tanto as que há no céu, como as que há na terra*[78].

É um mistério insondável, de pura gratuidade de amor, porque Ele mesmo *nos escolheu antes da criação do mundo, por amor, para sermos santos e imaculados na sua presença*[79]. Não tem limites o Amor de Deus: o próprio São Paulo anuncia que o nosso Salvador *quer que todos os homens se salvem e cheguem ao conhecimento da verdade*[80].

Este, e não outro, é o fim da Igreja: a salvação das al-

---

(77) Eph I, 22-23.
(78) Eph I, 10.
(79) Eph I, 4.
(80) I Tim II, 4.

mas, uma a uma. Foi para isso que o Pai enviou o Filho, *e eu vos envio também a vós*[81]. Daí deriva o mandato de dar a conhecer a doutrina e de batizar, para que, pela graça, habite na alma a Santíssima Trindade: *Foi-me dado todo o poder no céu e na terra. Ide, pois, e instruí todas as gentes, batizando-as em nome do Pai e do Filho e do Espírito Santo, ensinando-as a observar todas as coisas que vos mandei. E estai certos de que eu estarei convosco todos os dias, até a consumação dos séculos*[82].

São as palavras simples e sublimes do final do Evangelho de São Mateus: aí se estabelece a obrigação de pregar as verdades de fé, a urgência da vida sacramental, a promessa da contínua assistência de Cristo à sua Igreja. Não se é fiel ao Senhor se se passa por cima destas realidades sobrenaturais: a instrução na fé e na moral cristãs e a prática dos sacramentos. Com este mandato, Cristo funda a sua Igreja. Tudo o mais é secundário.

Na Igreja está a nossa salvação

Não podemos esquecer que a Igreja é muito mais do que um caminho de salvação: é o único caminho. Ora isto não foi inventado pelos homens, mas foi Cristo quem assim o dispôs: *Aquele que crer e for batizado será salvo; aquele, porém, que não crer será condena-*

---

[81] Ioh XX, 21.
[82] Mt XXVIII, 18-20.

do[83]. Por isso se afirma que a Igreja é necessária, com necessidade de meio, para nos salvarmos. Já no século II escrevia Orígenes: *Se alguém quiser salvar-se, venha a esta casa, para que possa consegui-lo* [...]. *Que ninguém se engane a si mesmo: fora desta casa, isto é, fora da Igreja, ninguém se salva*[84]. E São Cipriano: *Se alguém tivesse escapado* (do dilúvio) *fora da arca de Noé, então poderíamos admitir que quem abandona a Igreja pode escapar da condenação*[85].

Extra Ecclesiam, nulla salus. É o aviso contínuo dos Padres: *Fora da Igreja católica, pode-se encontrar tudo* – admite Santo Agostinho – *menos a salvação. Pode-se ter honra, pode haver Sacramentos, pode-se cantar «aleluia», pode-se responder «amém», pode-se defender o Evangelho, pode-se ter fé no Pai, no Filho e no Espírito Santo, e pregá-la; mas nunca, exceto na Igreja católica, se pode encontrar a salvação*[86].

Todavia – como lamentava há pouco mais de vinte anos Pio XII –, *alguns reduzem a uma fórmula vã a necessidade de pertencer à Igreja verdadeira para alcançar a salvação eterna*[87]. Este dogma de fé integra a base da atividade corredentora da Igreja, é o fundamento da grave responsabilidade apostólica dos cristãos. Entre os mandatos expressos de Cristo, determi-

---

(83) Mc XVI, 16.
(84) Orígenes, *In Iesu nave hom.*, 5, 3; PG 12, 841.
(85) São Cipriano, *De catholicae Ecclesiae unitate*, 6; PL 4, 503.
(86) Santo Agostinho, *Sermo ad Cassarienses ecclesiaeplebem*, 6; PL 43, 456.
(87) Pio XII, Encíclica *Humani generis*, AAS 42, pág. 570.

na-se categoricamente o de nos incorporarmos ao seu Corpo Místico pelo Batismo. *E o nosso Salvador não só promulgou o mandamento de que todos entrassem na Igreja, mas estabeleceu também que a Igreja fosse meio de salvação, sem o qual ninguém pode chegar ao reino da glória celestial*[88].

É de fé que quem não pertence à Igreja não se salva e que quem não se batiza não ingressa na Igreja. A justificação, *depois da promulgação do Evangelho, não pode verificar-se sem o lavatório da regeneração ou o seu desejo,* estabelece o Concílio de Trento[89]. É esta uma contínua exigência da Igreja, que, se por um lado introduz na nossa alma o aguilhão do zelo apostólico, por outro manifesta também claramente a misericórdia infinita de Deus para com as criaturas.

Vede como o explica São Tomás: *O sacramento do batismo pode faltar de dois modos. Em primeiro lugar, quando não foi recebido de fato nem de desejo. É o caso de quem não se batizou nem quer batizar-se. Esta atitude, naqueles que têm uso da razão, implica desprezo pelo sacramento. E, em consequência, aqueles a quem desta forma falta o batismo não podem entrar no reino dos céus, já que não se incorporam a Cristo nem sacramentalmente nem espiritualmente, e é unicamente dEle que procede a salvação. Em segundo lugar, pode também haver pessoas a quem falte o batismo, mas*

---

(88) Pio XII, *Carta do Santo Ofício ao Arcebispo de Boston*, Denzinger-Schön., 3868.

(89) Decreto *De justificatione*, cap. 4. Denzinger-Schön., 1524.

não o seu desejo, como no caso daquele que, embora deseje batizar-se, é surpreendido pela morte antes de receber o sacramento. Aqueles a quem isto suceder, podem salvar-se sem o batismo atual e só com o desejo do sacramento, desejo que procede da fé que age pela caridade, através da qual Deus, que não ligou o seu poder aos sacramentos visíveis, santifica interiormente o homem[90].

Apesar de ser completamente gratuita e de não ser devida a ninguém por título algum – e menos ainda depois do pecado –, Deus Nosso Senhor não recusa a ninguém a felicidade eterna e sobrenatural: a sua generosidade é infinita. *É coisa notória que aqueles que sofrem de ignorância invencível acerca da nossa santíssima religião, quando guardam cuidadosamente a lei natural e os seus preceitos, esculpidos por Deus no coração de todos, e estão dispostos a obedecer a Deus e levam uma vida honesta e reta, podem alcançar a eterna, pela ação operante da luz divina e da graça*[91]. Só Deus sabe o que se passa no coração de cada homem, e Ele não trata as almas em massa, mas uma a uma. Ninguém tem autoridade nesta terra para julgar da salvação ou da condenação eternas num caso concreto.

Mas não esqueçamos que a consciência pode deformar-se de modo culpável, endurecer-se no pecado e resistir à ação salvadora de Deus. Daí a necessidade

---

(90) São Tomás, *S. Th.*, III, q. 68, a. 2.
(91) Pio IX, Encíclica *Quanto conficiamur moerore*, 10-VIII-1863, Denzinger-Schön., 1677 (2866).

de pregar a doutrina de Cristo, as verdades de fé e as normas morais; e também a necessidade dos Sacramentos, todos instituídos por Jesus Cristo como causas instrumentais da sua graça[92] e remédio para as misérias próprias do nosso estado de natureza caída[93]. Eis por que convém recorrer frequentemente à Penitência e à Comunhão Eucarística.

Fica, portanto, bem concretizada a tremenda responsabilidade de todos na Igreja, e especialmente dos pastores, com estes conselhos de São Paulo: *Conjuro-te, pois, diante de Deus e de Jesus Cristo que há de julgar os vivos e os mortos quando da sua vinda e do seu reino: prega a palavra de Deus, insiste oportuna e inoportunamente, repreende, suplica, exorta com toda a paciência e doutrina. Porque virá tempo em que os homens não suportarão a sã doutrina, mas, levados pelo prurido de ouvir doutrinas acomodadas às suas paixões, recorrerão a uma caterva de mestres conforme os seus desejos, e fecharão os ouvidos a verdade e os aplicarão às fábulas*[94].

Tempo de provação

Eu não saberia dizer quantas vezes se cumpriram essas palavras proféticas do Apóstolo. Mas só um cego

---

(92) Cf. São Tomás, *S. Th.*, III, q. 62, a. 1.
(93) Cf. *ibidem*, q. 61, a. 2.
(94) II Tim IV, 1-4.

deixaria de ver como atualmente se vêm verificando quase à letra. Rejeita-se a doutrina dos mandamentos da Lei de Deus e da Igreja, tergiversa-se o conteúdo das bem-aventuranças, dando-lhes um significado político-social, e quem se esforça por ser humilde, manso e limpo de coração, é tratado como um ignorante ou atávico defensor de coisas passadas. Não se suporta o jugo da castidade e inventam-se mil maneiras de ludibriar os preceitos divinos de Cristo.

Há um sintoma que os envolve a todos: a tentativa de desviar os fins sobrenaturais da Igreja. Por *justiça*, alguns já não entendem a vida de santidade, mas uma luta política determinada, mais ou menos tingida de marxismo, que é inconciliável com a fé cristã. Por *libertação*, não admitem a batalha pessoal em fugir do pecado, mas uma tarefa humana, que pode ser nobre e justa em si mesma, mas que carece de sentido para o cristão se implica desvirtuação da única coisa necessária[95], a salvação eterna das almas, uma a uma.

Com uma cegueira originada pelo afastamento de Deus – *este povo honra-me com os lábios, mas o seu coração está longe de mim*[96] –, fabrica-se uma imagem da Igreja que não tem a menor relação com a que Cristo fundou. Até o Santo Sacramento do Altar – a renovação do Sacrifício do Calvário – é profanado ou reduzido a um mero símbolo daquilo a que chamam a comunhão dos homens entre si. Que seria das almas se

---

(95) Cf. Lc X, 42.
(96) Mt XV, 8.

Nosso Senhor não tivesse entregado por nós até a última gota do seu precioso Sangue! Como é possível que se despreze esse milagre perpétuo da presença real de Cristo no Sacrário? Ficou para que chegássemos à intimidade com Ele, para que o adorássemos, para que, como penhor da glória futura, nos decidíssemos a seguir os seus passos.

Estes tempos são tempos de provação e temos de pedir ao Senhor, com um clamor que não cesse[97], que os abrevie, que olhe com misericórdia a sua Igreja e conceda novamente a luz sobrenatural às almas dos pastores e às de todos os fiéis. A Igreja não tem por que empenhar-se em agradar aos homens, visto que os homens – nem sós nem em comunidade – nunca darão a salvação eterna. Quem salva é Deus.

Amor filial à Igreja

É indispensável repetir hoje, em voz bem alta, aquelas palavras de São Pedro diante dos personagens importantes de Jerusalém: *Este Jesus é aquela pedra que vós rejeitastes ao edificar, e que veio a ser a pedra principal do ângulo; fora dEle, não se pode procurar a salvação em mais ninguém, porque não foi dado aos homens outro nome debaixo do céu pelo qual possamos salvar-nos*[98].

---

(97) Cf. Is LVIII, 1.
(98) Act IV, 11-12.

Assim falava o primeiro Papa, a rocha sobre a qual Cristo edificou a sua Igreja, levado pela sua filial devoção ao Senhor e pela sua solicitude para com o pequeno rebanho que lhe tinha sido confiado. Com Pedro e com os outros Apóstolos, aprenderam os primeiros cristãos a amar entranhadamente a Igreja.

Vistes já, em contrapartida, com que pouca piedade se fala agora, todos os dias, da nossa Santa Madre Igreja? Como é consolador ler, nos Padres antigos, aqueles galanteios abrasados de amor à Igreja de Cristo! *Amemos o Senhor, Nosso Deus; amemos a sua Igreja*, escreve Santo Agostinho. *A Ele como um pai; a Ela como uma mãe. Que ninguém diga: «Sim, ainda vou aos ídolos, consulto os possessos e os bruxos, mas não deixo a Igreja de Deus: sou católico». Permaneceis unidos a Mãe, mas ofendas o Pai. Outro diz, pouco mais ou menos assim: «Deus não o permita. Não consulto os bruxos nem interrogo os possessos, não pratico adivinhações sacrílegas, não vou adorar os demônios, não sirvo os deuses de pedra, mas sou do partido de Donato». De que serve não ofender o Pai, se Ele vingará a Mãe, a quem ofendeis?*[99] E São Cipriano declarava brevemente: *Não pode ter a Deus por Pai quem não tiver a Igreja por Mãe*[100].

Nestes momentos, muitos se negam a ouvir a verdadeira doutrina sobre a Santa Madre Igreja. Alguns desejam *reinventar* a instituição, com a ideia louca de

---

(99) Santo Agostinho, *Enarr. in Ps.*, 88, 2, 14; PL 37, 1140.
(100) São Cipriano, *op. cit.;* PL 4, 502.

implantar no Corpo Místico de Cristo uma democracia no estilo daquela que se concebe na sociedade civil, ou, para dizê-lo melhor, no estilo daquela que se pretende promover: todos iguais em tudo. E não se convencem de que a Igreja está constituída, por instituição divina, pelo Papa, com os bispos, os presbíteros, os diáconos e os leigos. Foi assim que Jesus a quis.

A Igreja é, por vontade divina, uma instituição hierárquica. *Sociedade hierarquicamente organizada* – assim lhe chama o Concílio Vaticano II[101] –, na qual *os ministros têm um poder sagrado*[102]. A hierarquia não só é compatível com a liberdade, como está ao serviço da liberdade dos filhos de Deus[103].

O termo democracia não tem sentido na Igreja que, insisto, é hierárquica por vontade divina. No entanto, *hierarquia* significa governo santo e ordem sagrada, e de modo algum arbitrariedade humana ou despotismo infra-humano. O Senhor dispôs que existisse na Igreja uma ordem hierárquica, que não deve transformar-se em tirania, porque a própria autoridade é um serviço, tal como a obediência.

Na Igreja, há igualdade: uma vez batizados, todos somos iguais, porque somos filhos do mesmo Deus, Nosso Pai. Como cristãos, não há qualquer diferença entre o Papa e a última pessoa que se incorpora na Igreja. Mas esta igualdade radical não implica a possibi-

---

(101) Concílio Vaticano II, Const. Dogm. *Lumen gentium*, n. 8.
(102) *Ibidem*, n. 18.
(103) Cf. Rom VIII, 21.

lidade de mudar a constituição da Igreja naquilo que foi estabelecido por Cristo. Por expressa vontade divina, temos uma diversidade de funções, que comporta também uma capacidade diversa, um *caráter* indelével conferido pelo Sacramento da Ordem aos ministros sagrados. No vértice dessa ordenação está o sucessor de Pedro e, com ele, e sob ele, todos os bispos, com a sua tríplice missão de santificar, governar e ensinar.

Permiti-me esta teimosa insistência: as verdades de fé e de moral não são determinadas por maioria de votos, porque compõem o depósito – *depositum fidei* – entregue por Cristo a todos os fiéis e confiado, na sua exposição e ensino autorizado, ao Magistério da Igreja.

Seria um erro pensar que, pelo fato de os homens já terem talvez adquirido mais consciência dos laços de solidariedade que mutuamente os unem, se deva modificar a constituição da Igreja para pô-la de acordo com os tempos. Os tempos não são dos homens, sejam ou não eclesiásticos; os tempos são de Deus, que é o Senhor da história. E a Igreja só poderá proporcionar a salvação às almas se permanecer fiel a Cristo na sua constituição, nos seus dogmas, na sua moral.

Rejeitemos, portanto, o pensamento de que a Igreja – esquecendo-se do Sermão da Montanha – procura a felicidade humana na terra, pois sabemos que a sua única tarefa consiste em levar as almas à glória eterna do paraíso. Rejeitemos qualquer solução naturalista, que não encareça o papel primordial da graça divina. Rejeitemos as opiniões materialistas, que procuram tirar importância aos valores espirituais na vida do homem. Rejeitemos de igual modo as teorias secularizantes, que pretendem identificar os fins da Igreja de Deus com os dos Estados terrenos, confundindo a sua essência, as suas instituições e a sua atividade com as da sociedade temporal.

O abismo da sabedoria de Deus

Recordai as considerações de São Paulo que já lemos na Epístola: *Ó profundidade das riquezas da sabedoria e da ciência de Deus! Quão incompreensíveis são os seus juízos, e inesgotáveis os seus caminhos! Porque, quem conheceu o pensamento do Senhor? Ou quem foi seu conselheiro? Ou quem lhe deu alguma coisa primeiro, para que pretenda ser por isso recompensado? Todas as coisas são dEle, e todas são por Ele, e todas existem nEle: a Ele seja dada glória por todos os séculos dos séculos. Assim seja*[104]. À luz da palavra de Deus, como se tornam tacanhos os desígnios humanos ao procurarem alterar o que Nosso Senhor estabeleceu!

Não vos devo ocultar, porém, que agora se observa, por toda a parte, uma estranha capacidade do homem: nada conseguindo contra Deus, assanha-se contra os outros, tornando-se tremendo instrumento do mal, ocasião e indutor de pecado, semeador de um tipo de confusão

---

(104) Rom XI, 33-36.

que conduz a que se cometam ações intrinsecamente más, apresentando-as como boas.

Sempre houve ignorância. Mas hoje em dia a ignorância mais brutal em matérias de fé e de moral disfarça-se, por vezes, com altissonantes nomes aparentemente teológicos. Por isso, o mandato de Cristo aos Apóstolos – acabamos de ouvi-lo no Evangelho – cobra uma premente atualidade: *Ide e instruí todas as gentes*[105]. Não podemos desinteressar-nos, não podemos cruzar os braços, não podemos fechar-nos em nós mesmos. Acorramos a combater, por Deus, uma grande batalha de paz, de serenidade, de doutrina.

Temos de ser compreensivos e cobrir tudo com o manto afetuoso da caridade. Uma caridade que nos torne seguros na fé, que aumente a nossa esperança e nos faça fortes, para dizermos bem alto que a Igreja não é essa imagem que alguns propõem. A Igreja é de Deus, e pretende um único fim: a salvação das almas. Aproximemo-nos do Senhor, falemos com Ele na oração cara a cara, peçamos-lhe perdão pelas nossas misérias pessoais e reparemos os nossos pecados e os dos outros homens, que talvez – neste clima de confusão – não consigam descobrir com que gravidade vêm ofendendo a Deus.

Na Santa Missa, neste domingo, na renovação incruenta do sacrifício cruento do Calvário, Jesus imolar-se-á – Sacerdote e Vítima – pelos pecados dos homens. Não o deixemos só. Que surja no nosso peito

---

(105) Mt XXVIII, 19.

um desejo ardente de estar com Ele junto da Cruz; que cresça o nosso clamor ao Pai, Deus misericordioso, para que volte a dar a paz ao mundo, a paz à Igreja, a paz às consciências.

Se nos comportarmos assim, encontraremos, junto da Cruz, Maria Santíssima, Mãe de Deus e Mãe nossa. Pelas suas benditas mãos, chegaremos a Jesus e, por Ele, ao Pai, no Espírito Santo.

Sacerdote para a eternidade

Homilia pronunciada em 13 de abril de 1973,
Sexta-feira da Paixão, antiga comemoração
das Sete Dores da Santíssima Virgem.

Dias atrás, ao celebrar a Santa Missa, fiz uma breve pausa para considerar as palavras de um salmo que a liturgia colocava na antífona da Comunhão: *O Senhor é o meu pastor, nada me poderá faltar*[106]. Esta invocação trouxe-me à memória os versículos de outro salmo, que se recitava na cerimônia da Primeira Tonsura: *O Senhor é a parte da minha herança*[107]. O próprio Cristo se põe nas mãos dos sacerdotes, que se fazem assim *dispensadores dos mistérios* – das maravilhas – *do Senhor*[108].

No próximo verão, receberá as Sagradas Ordens meia centena de membros do Opus Dei. Desde 1944, sucedem-se, como uma realidade de graça e de serviço à Igreja, estas ordenações sacerdotais de alguns membros da Obra. Apesar disso, todos os anos há gente que se espanta. Como é possível, interrogam-se,

---

(106) Ps XXII, 1; Antífona da Comunhão na Missa do sábado da quarta semana da Quaresma.
(107) Ps XV, 5.
(108) I Cor IV, 1.

que trinta, quarenta, cinquenta homens, com uma vida cheia de afirmações e de promessas, estejam dispostos a fazer-se sacerdotes? Queria expor hoje algumas considerações, mesmo correndo o risco de aumentar nessas pessoas os motivos de perplexidade.

Por que ser sacerdote?

O santo Sacramento da Ordem Sacerdotal será ministrado a esse grupo de membros da Obra que contam com uma valiosa experiência – talvez de muito tempo – como médicos, advogados, engenheiros, arquitetos ou de outras diversíssimas atividades profissionais. São homens que, como fruto do seu trabalho, estariam capacitados para aspirar a postos mais ou menos relevantes na sua esfera social.

Vão ordenar-se para servir. Não para mandar, não para brilhar, mas para se entregarem, num silêncio incessante e divino, ao serviço de todas as almas. Quando forem sacerdotes, não se deixarão arrastar pela tentação de imitar as ocupações e o trabalho dos leigos, mesmo que se trate de tarefas que conhecem bem por as terem realizado até agora, o que lhes conferiu uma mentalidade laical que não perderão nunca.

A sua competência nos diversos ramos do saber humano – da história, das ciências naturais, da psicologia, do direito, da sociologia –, embora necessariamente faça parte dessa mentalidade laical, não os levará a querer apresentar-se como sacerdotes-psicólogos, sacerdotes-biólogos ou sacerdotes-sociólogos: recebem o sacramento da Ordem para serem, nem mais nem menos, *sacerdotes-sacerdotes*, sacerdotes cem por cento.

É provável que, sobre muitos assuntos temporais e humanos, entendam mais do que muitos leigos. Mas, desde que passaram a ser clérigos, calam com alegria essa competência para continuarem a fortalecer-se espiritualmente através da oração constante, para falarem só de Deus, para pregarem o Evangelho e administrarem os Sacramentos. Este vai ser, se assim se pode dizer, o seu novo trabalho profissional, ao qual dedicarão todas as horas do dia, que sempre serão poucas, porque terão de estudar constantemente a ciência de Deus, orientar espiritualmente tantas almas, ouvir muitas confissões, pregar incansavelmente e rezar muito, muito, com o coração sempre posto no Sacrário – onde está realmente presente Aquele que nos escolheu para sermos seus –, numa maravilhosa entrega cheia de alegria, mesmo no meio de contrariedades, que não faltam a nenhuma criatura.

Todas estas considerações podem aumentar, como vos dizia, os motivos de espanto. Alguns continuarão talvez a perguntar a si mesmos: mas por que essa renúncia a tantas coisas boas e nobres da terra, a uma profissão mais ou menos brilhante, a uma influência cristã mediante o exemplo, no âmbito da cultura profana, do ensino, da economia ou de qualquer outra atividade social?

Outros irão lembrar-se de que hoje, em não poucos

lugares, grassa uma desorientação notável sobre a figura do sacerdote; tagarela-se que é preciso procurar a sua *identidade* e põe-se em dúvida o significado que a entrega a Deus no sacerdócio possa ter nas circunstâncias atuais.

Finalmente, também poderá surpreender alguns que, numa época em que escasseiam as vocações sacerdotais, estas surjam entre cristãos que já tinham resolvido – graças a um trabalho pessoal exigente – os problemas de emprego e trabalho no mundo.

Sacerdotes e leigos

Compreendo essa estranheza, mas não seria sincero se afirmasse que a compartilho. Esses homens que, livremente, porque assim o quiseram – e isto é uma razão muito sobrenatural –, vão abraçar o sacerdócio, sabem que não fazem nenhuma renúncia, no sentido em que ordinariamente se emprega esta palavra. Já se dedicavam – pela sua vocação para o Opus Dei – ao serviço da Igreja e de todas as almas, com uma vocação plena, divina, que os levava a santificar o trabalho habitual, a santificar-se nesse trabalho e a procurar, por meio dessa tarefa profissional, a santificação dos outros.

Como todos os cristãos, os membros do Opus Dei, sacerdotes e leigos, sempre cristãos correntes, encontram-se entre os destinatários destas palavras de São Pedro: *Vós sois linhagem eleita, sacerdócio real, nação santa, povo de conquista, afim de anunciardes as grandezas daquele que vos chamou das trevas para a sua luz admirável. Vós que outrora não éreis o seu povo, mas que agora sois o povo de Deus; vós que antes não tínheis alcançado misericórdia e agora a alcançastes*[109].

Uma única e a mesma é a condição de fiéis cristãos nos sacerdotes e nos leigos, porque Deus Nosso Senhor nos chamou a todos à plenitude da caridade, à santidade: *Bendito seja o Deus e Pai de Nosso Senhor Jesus Cristo, que nos cumulou em Cristo com toda a espécie de bênçãos espirituais do Céu. Foi assim que nEle nos escolheu antes da constituição do mundo, para sermos santos e sem mácula na sua presença pelo amor*[110].

Não há santidade de segunda categoria: ou existe em nós uma luta constante por estarmos na graça de Deus e sermos conformes a Cristo, nosso Modelo, ou desertamos dessas batalhas divinas. O Senhor convida-nos a todos, para que cada um se santifique no seu próprio estado. No Opus Dei, esta paixão pela santidade – apesar dos erros e misérias individuais – não se torna diferente pelo fato de se ser sacerdote ou leigo; e, além disso, os sacerdotes são apenas uma pequeníssima parte, em comparação com o total de membros.

Olhando com olhos de fé, a chegada ao sacerdócio não constitui, portanto, nenhuma renúncia; e chegar ao sacerdócio também não significa um coroamento da vocação para o Opus Dei. A santidade não depende do

---

(109) I Pet II, 9-10.
(110) Eph I, 3-4.

estado – solteiro, casado, viúvo, sacerdote –, mas sim da correspondência pessoal à graça, que a todos nos é concedida, para aprendermos a afastar de nós as obras das trevas e nos revestirmos das armas da luz: da serenidade, da paz, do serviço sacrificado e alegre à humanidade inteira[111].

Dignidade do sacerdócio

O sacerdócio leva a servir a Deus num estado que, em si mesmo, não é melhor nem pior do que os outros; é diferente. Mas a vocação de sacerdote aparece revestida de uma dignidade e de uma grandeza que nada na terra supera. Santa Catarina de Sena põe na boca de Jesus Cristo estas palavras: *Não quero que diminua a reverência que se deve professar pelos sacerdotes, porque a reverência e o respeito que se lhes manifesta, não se dirige a eles, mas a Mim, em virtude do Sangue que lhes dei para que o administrassem. Se não fosse isso, deveríeis dedicar-lhes a mesma reverência que aos leigos e não mais... Não devem ser ofendidos: ofendendo-os, ofende-se a Mim e não a eles. Por isso o proibi e dispus que não admito que toqueis nos meus Cristos*[112].

Alguns afadigam-se à procura, como dizem, da identidade do sacerdote. Que claras são essas palavras da Santa de Sena! Qual é a identidade do sacerdote? A de Cristo. Todos nós, cristãos, podemos e devemos ser,

---

(111) Cf. Rom XIII, 12.
(112) Santa Catarina de Sena, *O Diálogo*, cap. 116; Cf. Ps CIV, 15.

não *alter Christus,* mas *ipse Christus:* outros Cristos, o próprio Cristo! Mas, no sacerdote, isto se dá imediatamente, de forma sacramental.

Para realizar uma obra tão grande – a da Redenção –, *Cristo está sempre presente na Igreja, principalmente nas ações litúrgicas. Está presente no Sacrifício da Missa, tanto na pessoa do ministro* – «*oferecendo-se agora por ministério dos sacerdotes aquele mesmo que se ofereceu a si próprio na cruz*» –, *como, sobretudo, sob as espécies eucarísticas*[113]. Pelo sacramento da Ordem, o sacerdote torna-se efetivamente apto para emprestar a Nosso Senhor a voz, as mãos, todo o seu ser: é Jesus Cristo quem, na Santa Missa, pelas palavras da consagração, transforma a substância do pão e do vinho no seu Corpo, Alma, Sangue e Divindade.

Nisto se fundamenta a incomparável dignidade do sacerdote. Uma grandeza emprestada, compatível com a minha pequenez. Eu peço a Deus Nosso Senhor que nos dê a todos os sacerdotes a graça de realizarmos santamente as coisas santas, e de refletirmos também na nossa vida as maravilhas das grandezas do Senhor. *Nós, que celebramos os mistérios da Paixão do Senhor, temos de imitar o que fazemos. E então a hóstia ocupará o nosso lugar diante de Deus, se nós mesmos nos fizermos hóstias*[114].

---

(113) Concílio Vaticano II, Const. *Sacrosanctum Concilium,* 7; Cf. Concílio de Trento, *Doutrina acerca do Santíssimo Sacrifício da Missa,* cap. 2.

(114) São Gregório Magno, *Dh* 4, 59.

Se alguma vez encontrardes um sacerdote que, exteriormente, não pareça viver de acordo com o Evangelho – não o julgueis, Deus o julga –, sabei que, se celebra validamente a Santa Missa, com intenção de consagrar, Nosso Senhor não deixa de descer àquelas mãos, ainda que sejam indignas. Pode haver maior entrega, maior aniquilamento? Mais do que em Belém e no Calvário. Por quê? Porque Jesus Cristo tem o Coração oprimido pelas suas ânsias redentoras, porque não quer que ninguém possa dizer que não foi chamado, porque se faz encontrar pelos que não o procuram.

É Amor! Não há outra explicação. Que insuficientes se tornam as palavras para falar do Amor de Cristo! Ele rebaixa-se a tudo, admite tudo, expõe-se a tudo – a sacrilégios, a blasfêmias, à frieza da indiferença de tantos –, contanto que venha a oferecer, ainda que seja a um único homem, a possibilidade de descobrir o bater de um Coração que salta no seu peito chagado.

Esta é a identidade do sacerdote: instrumento imediato e diário dessa graça salvadora que Cristo ganhou para nós. Se se compreende isto, se isto é meditado no silêncio ativo da oração, como se pode considerar o sacerdócio uma renúncia? É um ganho impossível de calcular. A nossa Mãe Santa Maria, a mais santa das criaturas – mais do que Ela, só Deus –, trouxe uma vez Jesus ao mundo; os sacerdotes trazem-no à nossa terra, ao nosso corpo e à nossa alma, todos os dias: Cristo vem para nos alimentar, para nos vivificar, para ser, desde já, penhor da vida futura.

Sacerdócio comum e sacerdócio ministerial

Nem como homem, nem como fiel cristão, o sacerdote é mais do que o leigo. Por isso é muito conveniente que o sacerdote professe uma profunda humildade, para entender como também no seu caso se cumprem plenamente, de modo especial, aquelas palavras de São Paulo: *Que possuis que não tenhas recebido?*[115] O recebido... é Deus! O recebido é o poder de celebrar a Sagrada Eucaristia, a Santa Missa – fim principal da ordenação sacerdotal –, de perdoar os pecados, de administrar outros sacramentos e pregar com autoridade a Palavra de Deus, dirigindo os demais fiéis nas coisas que se referem ao Reino dos Céus.

O sacerdócio dos presbíteros, que pressupõe os sacramentos da iniciação cristã, confere-se mediante um Sacramento particular, pelo qual os presbíteros, pela unção do Espírito Santo, são selados com um caráter especial e se configuram com Cristo Sacerdote de tal modo que podem atuar na pessoa de Cristo Cabeça[116]. A Igreja é assim, não por capricho dos homens, mas por expressa vontade de Jesus Cristo, seu Fundador. *O sacrifício e o sacerdócio estão tão unidos, por determinação de Deus, que em toda a Lei, na* Antiga e na Nova Aliança, *existiram os dois. Tendo, pois, a Igreja Católica recebido no Novo Testamento,*

---

(115) I Cor IV, 7.
(116) Concílio Vaticano II, Decreto *Presbyterorum Ordinis*, n. 2.

por instituição do Senhor, o sacrifício visível da Eucaristia, deve-se também confessar que há nEla um novo sacerdócio, visível e externo, para o qual foi transferido o antigo[117].

Nos que são ordenados, este sacerdócio ministerial soma-se ao sacerdócio comum de todos os fiéis. Portanto, se seria um erro defender que um sacerdote é mais cristão do que qualquer outro fiel, pode-se porém afirmar que é mais sacerdote: pertence, como todos os cristãos, a esse povo sacerdotal redimido por Cristo e, além disso, está marcado com o caráter do sacerdócio ministerial, que se distingue *essencialmente, e não apenas em grau*[118], do sacerdócio comum dos fiéis.

Não compreendo o empenho de alguns sacerdotes em se confundirem com os outros cristãos, esquecendo ou descuidando a sua missão específica na Igreja, aquela para a qual foram ordenados. Pensam que os cristãos desejam ver no sacerdote um homem como os outros. Não é verdade. No sacerdote, querem admirar as virtudes próprias de qualquer cristão e mesmo de qualquer homem honrado: a compreensão, a justiça, a vida de trabalho – trabalho sacerdotal neste caso –, a caridade, a educação, a delicadeza no trato. No entanto, juntamente com isso, os fiéis pretendem que nele se destaque claramente o caráter sacerdotal.

Esperam que o sacerdote reze, que não se negue a

---

(117) Concílio de Trento, *Doutrina sobre o Sacramento da Ordem*, cap. I, Denzinger-Schön., 1764 (957).

(118) Concílio Vaticano II, Const. dogm. *Lumen gentium*, n. 10.

administrar os Sacramentos, que esteja disposto a acolher a todos sem se arvorar em chefe ou militante de partidarismos humanos, sejam de que tipo forem[119]; que ponha amor e devoção na celebração da Santa Missa, que se sente no confessionário, que conforte os doentes e os aflitos, que ensine catequese às crianças e aos adultos, que pregue a Palavra de Deus e não qualquer tipo de ciência humana que – mesmo que a conhecesse perfeitamente – não seria a ciência que salva e leva à vida eterna; que saiba aconselhar e ter caridade com os necessitados.

Numa palavra: pede-se ao sacerdote que aprenda a não estorvar a presença de Cristo nele, especialmente no momento em que realiza o Sacrifício do Corpo e Sangue e quando, em nome de Deus, na Confissão sacramental auricular e secreta, perdoa os pecados. A administração destes dois Sacramentos é tão capital na missão do sacerdote que tudo o mais deve girar à sua volta. As outras tarefas sacerdotais – a pregação e a instrução na fé – careceriam de base, se não tivessem por fim ensinar a ter intimidade com Cristo, a encontrar-se com Ele no tribunal amoroso da Penitência e na renovação incruenta do Sacrifício do Calvário, na Santa Missa.

Deixai que me detenha ainda um pouco na consideração do Santo Sacrifício: porque, se para nós *é o* centro e a raiz da vida cristã, deve sê-lo de modo especial na vida do sacerdote. Um sacerdote que, por culpa

---

(119) Cf. *idem*, Decreto *Presbyterorum Ordinis*, n. 6.

própria, não celebrasse diariamente o Santo Sacrifício do Altar[120], demonstraria pouco amor de Deus; seria como lançar na cara de Cristo que não compartilha da sua ânsia de Redenção, que não compreende a sua impaciência em entregar-se, inerme, como alimento da alma.

Sacerdote para a Santa Missa

Convém recordar, com reiterada insistência, que todos nós, sacerdotes, quer sejamos pecadores, quer santos, quando celebramos a Santa Missa não somos nós próprios. Somos Cristo, que renova no altar o seu divino Sacrifício do Calvário. *A obra da nossa Redenção cumpre-se continuamente no mistério do Sacrifício Eucarístico, no qual os sacerdotes exercem o seu principal ministério, e por isso recomenda-se encarecidamente a sua celebração diária que, mesmo que os fiéis não possam estar presentes, é um ato de Cristo e da sua Igreja*[121].

Ensina o Concílio de Trento que *na Missa se realiza, se contém e incruentamente se imola aquele mesmo Cristo que uma só vez se ofereceu Ele mesmo cruentamente no altar da Cruz* [...]. *Com efeito, a Vítima é uma e a mesma; e aquele que agora se oferece pelo ministério dos sacerdotes é o mesmo que então se ofe-*

---

(120) Cf. *ibidem*, n. 13.
(121) *Ibidem*.

receu na Cruz, sendo apenas diferente a maneira de se oferecer[122].

A assistência ou a falta de assistência de fiéis à Santa Missa não altera em nada esta verdade de fé. Quando celebro a Missa rodeado de povo, sinto-me muito feliz, sem necessidade de me considerar presidente de nenhuma assembleia. Sou, por um lado, um fiel como os outros, mas sou, sobretudo, Cristo no Altar! Renovo incruentamente o divino Sacrifício do Calvário e consagro *in persona Christi*, «na pessoa de Cristo», representando realmente Jesus Cristo, porque lhe empresto o meu corpo, a minha voz e as minhas mãos, o meu pobre coração, tantas vezes manchado, que quero que Ele purifique.

Quando celebro a Santa Missa apenas com a participação daquele que me ajuda, também aí há povo. Sinto junto de mim todos os católicos, todos os que creem e também os que não creem. Estão presentes todas as criaturas de Deus – a terra, o céu e o mar, os animais e as plantas –, dando glória ao Senhor da Criação inteira.

E especialmente – di-lo-ei com palavras do Concílio Vaticano II – unimo-nos no mais alto grau ao culto da Igreja celestial, comunicando e venerando sobretudo a memória da gloriosa sempre Virgem Maria, de São José, dos santos Apóstolos e Mártires e de todos os santos[123].

---

(122) Concílio de Trento, *Doutrina acerca do Santíssimo Sacrifício da Missa*, Denzinger-Schön., 1743 (940).

(123) Cf. Concílio Vaticano II, Const. dogm. *Lumen gentium*, n. 50.

Peço a todos os cristãos que rezem muito por nós, sacerdotes, para que saibamos realizar santamente o Santo Sacrifício. Rogo-lhes que manifestem pela Santa Missa um amor tão delicado que nos leve, a nós, sacerdotes, a celebrá-la com dignidade – com elegância – humana e sobrenatural: com asseio nos paramentos e nos objetos destinados ao culto, com devoção, sem pressas.

Por que pressa? Têm-na por acaso os namorados ao despedir-se? Parece que se vão embora e não vão: voltam uma e outra vez, repetem palavras correntes como se acabassem de as descobrir... Não receeis aplicar exemplos do amor humano, nobre e limpo, às coisas de Deus. Se amarmos o Senhor com este coração de carne – não temos outro –, não sentiremos pressa em terminar esse encontro, essa entrevista amorosa com Ele.

Alguns andam com calma e não se importam de prolongar até se cansarem leituras, avisos, anúncios. Mas, ao chegarem ao momento principal da Santa Missa, ao Sacrifício propriamente dito, precipitam-se, contribuindo assim para que os outros fiéis não adorem com piedade Cristo, Sacerdote e Vítima, nem aprendam a dar-lhe graças depois – com pausa, sem precipitações –, por ter querido vir de novo até nós.

Todos os afetos e necessidades do coração do cristão encontram na Santa Missa o melhor caminho: aquele que, por Cristo, chega ao Pai no Espírito Santo. O sacerdote deve pôr especial empenho em que todos o saibam e vivam. Não há atividade alguma que via de regra possa antepor-se à de ensinar e fazer amar e venerar a Sagrada Eucaristia.

O sacerdote exerce dois atos: um, principal, sobre o Corpo de Cristo verdadeiro; outro, secundário, sobre o Corpo Místico de Cristo. O segundo ato ou ministério depende do primeiro, e não ao contrário[124]. Por isso, o que há de melhor no ministério sacerdotal é procurar que todos os católicos se aproximem do Santo Sacrifício cada vez com mais pureza, humildade e veneração. Se o sacerdote se esforça nesta tarefa, não ficará defraudado, nem defraudará a consciência dos seus irmãos cristãos.

Na Santa Missa, adoramos, cumprindo amorosamente o primeiro dever da criatura para com o seu Criador: *Adorarás o Senhor teu Deus e só a Ele servirás*[125]. Não adoração fria, exterior, de servo; mas íntima estima e acatamento, que é amor profundo de filho.

Na Santa Missa, encontramos a oportunidade perfeita de expiar os nossos pecados e os de todos os homens: para podermos dizer, como São Paulo, que estamos cumprindo na nossa carne o que falta padecer a Cristo[126]. Ninguém caminha sozinho no mundo, ninguém deve considerar-se livre de uma parte de culpa no mal que se comete sobre a terra, consequência do pecado original e também da soma de muitos pecados pessoais. Amemos o sacrifício, procuremos a expiação. Como? Unindo-nos na Santa Missa a Cristo, Sacerdote e Vítima; será sempre Ele quem carregará com o peso

---

(124) São Tomás, *S. Th., Supl.*, q. 36, a. 2 ad 1.
(125) Dt VI, 13; Mt IV, 10.
(126) Cf. Col I, 24.

imenso das infidelidades das criaturas, das tuas e das minhas...

O Sacrifício do Calvário é uma prova infinita da generosidade de Cristo. Nós – cada um de nós – somos sempre muito interesseiros; mas Deus Nosso Senhor não se importa de que na Santa Missa ponhamos diante dEle todas as nossas necessidades. Quem não tem coisas a pedir? Senhor, aquela doença... Senhor, esta tristeza... Senhor, essa humilhação que não sei suportar por amor de Ti...

Queremos o bem, a felicidade e a alegria das pessoas da nossa casa; oprime-nos o coração a sorte dos que padecem fome e sede de pão e de justiça, dos que sentem a amargura da solidão, dos que, no termo dos seus dias, não recebem um olhar de carinho nem um gesto de ajuda. Mas a grande miséria que nos faz sofrer, a grande necessidade a que queremos pôr remédio é o pecado, o afastamento de Deus, o risco de que as almas se percam por toda a eternidade. Levar os homens à glória eterna no amor de Deus: esta é a nossa aspiração fundamental ao celebrarmos a Missa, como o foi a de Cristo ao entregar a sua vida no Calvário.

Acostumemo-nos a falar com esta sinceridade ao Senhor, quando desce, Vítima inocente, até às mãos do sacerdote. A confiança no auxílio do Senhor dar-nos-á essa delicadeza de alma que se traduz sempre em obras de bem e de caridade, de compreensão, de profunda ternura pelos que sofrem e pelos que vivem artificialmente, fingindo uma satisfação oca, tão falsa que depressa se lhes converte em tristeza.

Agradeçamos, finalmente, tudo o que Deus Nosso Senhor nos concede pelo fato maravilhoso de se nos entregar Ele mesmo. Que venha ao nosso peito o Verbo Encarnado!... Que se encerre na nossa pequenez Aquele que criou céus e terra!... A Virgem Maria foi concebida imaculada para albergar Cristo no seu seio. Se a ação de graças há de ser proporcional à diferença entre o dom e os méritos, não deveríamos converter todo o nosso dia numa Eucaristia contínua? Não saiais do templo, mal acabeis de receber o Santo Sacramento. Tão importante é o que vos espera que não possais dedicar ao Senhor dez minutos para lhe dizer *obrigado?* Não sejamos mesquinhos. Amor com amor se paga.

Sacerdote para a eternidade

Um sacerdote que viva deste modo a Santa Missa – adorando, expiando, impetrando, dando graças, identificando-se com Cristo –, e que ensine os outros a fazer do Sacrifício do Altar o centro e a raiz da vida do cristão, demonstrará realmente a grandeza incomparável da sua vocação, esse caráter com que foi selado, e que não perderá por toda a eternidade.

Sei que me compreendeis quando vos afirmo que, ao lado de um sacerdote assim, se deve considerar um fracasso – humano e cristão – a conduta de alguns que se comportam como se tivessem de pedir desculpas por serem ministros de Deus. É uma desgraça, porque os leva a abandonar o ministério, a arremedar os leigos, a procurar uma segunda ocupação que pouco a pouco suplanta a que lhes é própria por vocação e por missão. Frequentemente, ao fugirem do trabalho de cuidar espiritualmente das almas, tendem a substituí-lo por uma intervenção em campos próprios dos leigos – nas iniciativas sociais, na política –, aparecendo então esse fenômeno do *clericalismo*, que é a patologia da verdadeira missão sacerdotal.

Não quero terminar com esta nota sombria, que pode parecer pessimismo. Não desapareceu na Igreja de Deus o autêntico sacerdócio cristão; a doutrina é imutável, ensinada pelos lábios divinos de Jesus. Há muitos milhares de sacerdotes em todo o mundo que cumprem plenamente a sua missão, sem espetáculo, sem cair na tentação de lançar pela borda fora um tesouro de santidade e de graça que existiu na Igreja desde o princípio.

Saboreio a dignidade da finura humana e sobrenatural desses meus irmãos, espalhados por toda a terra. E de justiça que já agora se vejam rodeados da amizade, da ajuda e do carinho de muitos cristãos. E quando chegar o momento de se apresentarem diante de Deus, Jesus Cristo irá ao seu encontro, para glorificar eternamente aqueles que, no tempo, atuaram em seu nome e na sua Pessoa, derramando com generosidade a graça de que eram administradores.

Voltemos de novo, em pensamento, aos membros do Opus Dei que serão sacerdotes no próximo verão. Não deixeis de pedir por eles, para que sejam sempre sacerdotes fiéis, piedosos, doutos, entregues, alegres! Confiai-os especialmente à intercessão de Santa Maria, que torna ainda mais generosa a sua solicitude de Mãe para com aqueles que se empenham, por toda a vida, em servir de perto o seu Filho, Nosso Senhor Jesus Cristo, Sacerdote Eterno.

Direção geral
Renata Ferlin Sugai

Direção editorial
Hugo Langone

Produção editorial
Juliana Amato
Gabriela Haeitmann
Ronaldo Vasconcelos
Roberto Martins

Capa
Gabriela Haeitmann

Diagramação
Sérgio Ramalho

ESTE LIVRO ACABOU DE SE IMPRIMIR
A 29 DE ABRIL DE 2024,
EM PAPEL POLÉN BOLD 90 g/m².